DIREITO, UMA PAIXÃO

A vida, venturas e desventuras de um advogado pelos tribunais e bastidores de sua apaixonante profissão

DIREITO, UMA PAIXÃO

A vida, venturas e desventuras de um advogado pelos tribunais e bastidores de sua apaixonante profissão

Carlos Francisco de Magalhães

São Paulo
2024

EDITORA SINGULAR

Dados Internacionais de Catalogação na Publicação (CIP)
(Câmara Brasileira do Livro, SP, Brasil)

Magalhães, Carlos Francisco de
Direito, uma paixão : a vida, venturas e desventuras de um advogado pelos tribunais e bastidores de sua apaixonante profissão / Carlos Francisco de Magalhães. -- São Paulo: Editora Singular, 2024.
ISBN 978-85-53066-37-7
1. Advocacia como profissão 2. Advogados - Biografia 3. Direito 4. Relatos de experiências 5. Tribunais - Brasil I. Título.

24-226628 CDU-347.965(092)

Índices para catálogo sistemático:
1. Advogados : Biografia 347.965(092)
Eliane de Freitas Leite - Bibliotecária - CRB 8/8415

Coordenador editorial	José Carlos Busto
Diagramação	Dorival Lopes Junior
Design de capa	Dorival Lopes Junior
Formato	16 x 23 cm
Papel	Offset 75g/m^2
Tipologia	Minion Pro
Número de páginas	224

EDITORA SINGULAR
Tel/WhatsApp: 55 11 3862-1242 11 99196-6711
www.editorasingular.com.br
singular@editorasingular.com.br

Toda dor pode ser suportada se sobre ela
puder ser contada uma história.

Hannah Arendt

Sorte é o que acontece quando a
preparação encontra a oportunidade.

Sêneca

Apressa-te a viver bem e pense que cada
dia é, por si só, uma vida.

Sêneca

Sumário

Introdução

Por que uma autobiografia?

Ao me aproximar dos oitenta anos, refleti: o que meus descendentes farão com as mais de trinta mil fotos que deixarei, guardadas em caixas e gavetas, desorganizadas? Descartarão? Queimarão?

Foi, então, que me ocorreu fazer uma seleção de fotografias que, acompanhadas por alguns textos, contariam um pouco da minha vida – que, infelizmente, até hoje, nem Lúcia, minha própria filha, conhece plenamente. Consegui reduzir a montanha a apenas 1.500 imagens, que contêm os registros mais emblemáticos e afetivamente marcantes de minha vida, reunidas em três álbuns.

Uma coisa, porém, são as fotografias. Outra, bem mais complexa, são as palavras. Depois de pensar um pouco mais, percebi que esta obra, que a princípio era apenas pessoal, ganharia uma profundidade muito maior se fosse enriquecida com histórias e experiências diversas que vivi ao longo da minha carreira na advocacia, uma profissão na qual acredito ter alcançado sucesso ao longo de mais de sessenta anos de dedicação constante. Percebi que meu relato pode muito bem interessar tanto aos jovens estudantes de Direito ou propensos a cursá-lo quanto, particularmente, àqueles que veem a advocacia como provável carreira ou em cuja prática já tenham se lançado. Dessa constatação até começar a escrever essa autobiografia foi um caminho bem curto, embora trabalhoso.

Desse modo, tentarei falar mais da minha vida profissional, colocando parte de minha vida pessoal no início e também em notas ordenadas, para que todos os que desejarem também possam acompanhá-las ao final de cada capítulo. Essas duas dimensões, afinal, são praticamente indissociáveis na minha trajetória. Por isso, em muitas passagens, elas se aproximam ou se entrelaçam.

Desejo, no entanto, deixar claro que este não é um livro jurídico tradicional – com citações doutrinárias ou jurisprudenciais. Ele é, nesse sentido, uma autobiografia. Como atesta seu próprio título, trata-se de uma história real de um advogado que teve de valer-se de uma bolsa de estudos para cursar a universidade, e que deu certo na carreira por ter sempre ido em busca das oportunidades, e não ficar esperando por elas, e por também ter sabido perceber e aproveitar todas as que foram surgindo pelo caminho, quase nunca de modo fácil.

Sou fiel ao ditado popular que proclama "recordar é viver" ou recordar é "viver duas vezes" ou muitas vezes, como atualmente. Devo, assim, agradecer aos meus leitores, alguns dos quais me disseram, diretamente, que eu deveria escrever uma biografia por causa da relevância dos atos e fatos nos quais me envolvi. Estendo esse agradecimento não só a estes que me incentivaram, mas a todos os outros que lerão minhas aventuras e desventuras. Tais leitores, ainda que não os conheça, também me incentivaram indiretamente a escrever, e talvez vão se valer desses textos para buscar mais oportunidades, sem esperar que elas caiam do céu, assim como sempre fiz.

Quem sabe essas minhas características de perseverança e determinação podem estar relacionadas ao meu signo. Poucas pessoas gostam ou acreditam na astrologia como um guia para suas vidas. Ainda assim, muitas não resistem e leem os seus horóscopos quando batem os olhos neles nas páginas de jornais e revistas, e nas redes sociais. Tenho uma teoria um tanto singular a respeito de signos. Se não acharem boa, me perdoem. Eu também não estou bem convencido: creio que as pessoas, de tanto lerem horóscopos e assuntos de astrologia em geral, um dia acabam inconscientemente influenciadas achando que sua personalidade está associada às descrições de cada signo.

O fato é que, mesmo racionalmente não acreditando nas previsões, quase todos gostam de saber o que lhes reserva o seu signo. Mais até. Parecem intimamente se identificar com as características pessoais de seu signo.

Nasci em 23 de março, portanto no signo de Áries, regido por Marte, o planeta da ação, algo que, pelo estereótipo, me parece ser ótimo – ao menos se me deixo guiar pelas características descritas nos azulejos decorativos que ficam à venda em lugares turísticos. Por curiosidade, adquiri dois deles, que apresentarei junto às demais fotografias publicadas neste livro. Peço perdão pelas qualidades ali expostas, que são um tanto superlativas. Não pensem, por favor, que fui mau caráter em mandar confeccionar os azulejos especialmente para este livro.

Enfim, por muitos anos recebi palavras estimulantes de alguns amigos, amigas e colegas advogados, que me instigaram a escrever um livro de memórias pessoais. Outros pediram uma biografia com a minha trajetória profissional, pelo fato de eu ter sido, na prática, um dos advogados que mais colaboraram para a propagação e consolidação, entre outras matérias, do Direito Econômico no Brasil. Fui, num certo sentido, um pioneiro na minha área de especialização.

Resolvi, então, escrever algo que contasse, simultaneamente, da minha vida pessoal e profissional. Mais que isso, da minha verdadeira paixão pelo Direito. Estou absolutamente convencido de que, construído dessa forma, este livro será mais útil aos leitores, já que poderão, assim, encontrar reflexões sobre variados temas dessa profissão: dos corredores do fórum aos bastidores das altas cortes, agências reguladoras e ministérios; do encontro da vocação à arte de administração dos escritórios, com os limites éticos e estratégias processuais que, ao longo de minhas seis décadas de advocacia, transformaram decisivamente o Brasil. Por fim, ofereço esta obra a todos aqueles que comigo compartilham a paixão pelo Direito – particularmente àqueles cujos olhos brilham ao pensar na advocacia como o seu lado nessa contenda por Justiça, incessante e sempre enriquecedora.

Capítulo 1

Origens familiares

A origem e as singularidades de meus ascendentes já guardam uma bela história. Meu pai, Raul Pompeia de Magalhães (1886-1972), era filho de José Jacinto e Francisca Pereira da Cruz (1854-1934). Jacinto, meu avô, era fazendeiro em Minas Gerais, no município de Nossa Senhora do Guaxupé e, segundo consta, descendia de imigrantes da Ilha da Madeira, que vieram para o Brasil no século XVII, fixando-se em São Paulo, Rio de Janeiro e Bahia. Foram as três ilhoas do arquipélago português que deram o nome Magalhães aos seus descendentes.

Meus avós maternos, por seu lado, foram Antônio Correa de Meira (1861-1914) e Lídia Leite de Negreiros (1868-1948), também fazendeiros, mas na zona da Estrada de Ferro Paulista[1]. Consta que meu avô Antônio e seu pai estudaram no Colégio São Luís, que à época ficava em Itu, no interior paulista. Frequentei a mesma escola, décadas mais tarde, quando ela se transferiu para a avenida Paulista,

---

[1] Pelo lado materno, de acordo com a árvore genealógica da família Correa de Meira, o primeiro ascendente nascido no Brasil teria sido o índio Tibiriçá, um tupinambá que se converteu ao catolicismo e cuja filha Bartira casou-se com o português João Ramalho, dando origem a uma enorme prole de paulistas intrépidos – entre os quais os chamados bandeirantes, cuja figura mais notória foi Fernão Dias Pais Leme, o Anhanguera. Foram os bandeirantes que dobraram o território de nosso país, através da ocupação e colonização de terras muito além das nossas fronteiras originais, estabelecidas pelo Tratado de Tordesilhas. Tenho para mim que o mais importante monumento de São Paulo, cidade em que sempre vivi, é o *Monumento às Bandeiras*, que fica na extremidade do Parque Ibirapuera, obra do escultor ítalo-brasileiro Victor Brecheret, que conseguiu captar com grande sensibilidade o esforço de brasileiros brancos, índios ou africanos, *todos bandeirantes*, que conquistaram e colonizaram a maior parte do território brasileiro atual.

na cidade de São Paulo. Meus filhos, Marcelo e Lúcia, seguiram o mesmo caminho.

Um detalhe da maior importância nesta história da linhagem familiar, que repercutiu fortemente na vida de meu pai, é o fato de ter como primo o ilustre Vital Brazil Mineiro da Campanha (1865-1950), que se tornaria o célebre médico sanitarista. Ele mesmo, o Vital Brazil, fundador do Instituto Butantan e do Instituto Vital Brazil. Vital trabalhou duramente na juventude. Mas, mesmo ao longo desses anos penosos, sempre manteve o ideal de se tornar um médico.

Após cursar Medicina, feito obtido com méritos de sobra, tornou-se mundialmente famoso como "o pai" do primeiro soro antiofídico. Vital era filho de Mariana Carolina Pereira de Magalhães e de um auxiliar de cartório, José Manoel dos Santos Pereira, cujos vencimentos muito modestos – além da paixão pelo jogo – não lhe permitiam sustentar seus inúmeros filhos. Esses problemas financeiros foram a razão de Vital Brazil ter trabalhado arduamente em sua juventude. Então um jovem médico, Vital Brazil acabou se casando com Maria da Conceição Philipina de Magalhães (1877-1913), uma prima de segundo grau, irmã de meu pai. Depois disso, além de primo, meu pai passa a ser também cunhado de Vital, que, após dois anos de casamento, teve uma filha chamada Vitalina.

Essa história, porém, é ainda mais intrincada, pois envolve também os imprevisíveis caminhos do coração. Anos antes desse casamento, na primeira década do século 20, meu avô paterno, José Jacinto Pereira de Magalhães, que havia sustentado meu pai na infância, faleceu. Foi meu bisavô, Joaquim Leonel Pereira de Magalhães, quem passou a bancá-lo desde então, inclusive quando meu pai foi estudar Medicina em Genebra. Por volta de 1910, contudo, meu bisavô Joaquim também morreu, obrigando meu pai a abandonar o curso no quarto ano e voltar ao Brasil.

Foi neste período que ele e sua sobrinha Vitalina Vital Brazil (1894-1983), filha de Vital Brasil e de sua irmã Nhazinha, se apaixonaram. O casamento, entretanto, não aconteceu, em razão do parentesco (tio e sobrinha). Mas Vitalina, que era lindíssima, foi, decerto, o sonho de amor de meu pai, que acabou ficando solteiro por quase duas décadas, enquanto Vitalina construiu uma carreira vitoriosa como pianista na Europa. Ela só voltaria ao Brasil bem mais tarde, quando a mãe morreu, para cuidar dos irmãos menores. Depois disso, Vitalina regressou de vez à Europa, onde passou a viver dando concertos e se aperfeiçoando com os melhores professores e pianistas da época. Só regressou da Itália em 1942, quando o Brasil entrou na Segunda Guerra Mundial.

Minha mãe sabia dessa história por alto, mas raramente a mencionava, por ciúmes ou recato. Só depois que meu pai morreu é que compreendi a sua história, ao descobrir um cartão postal que Vitalina lhe enviara, parabenizando-o pelo nascimento de seu terceiro filho e dizendo-lhe ainda que o destino fora sábio, que eles não deveriam mesmo ter se casado, pois assim ele pôde ter filhos, o que, entre os dois, teria sido um potencial problema.[2]

Meu pai já tinha 54 anos quando nasci, em 23 de março de 1939. Sou o caçula, um pouco temporão. Todos nascemos em casa, em partos normais, no período compreendido entre as duas grandes guerras mundiais.

Minha avó paterna Francisca não se conformava com a solteirice de meu pai, e resolveu dar o seu jeito, inventando uma doença para convencê-lo a se casar logo. Ela dizia que não viveria muito mais tempo. Meu pai morava com ela numa casa vizinha à de dona Lídia Correia de Meira, que viria a ser a minha avó materna. Certo dia, avó

---

[2] Quando eu já tinha idade para ter uma percepção melhor das pessoas, achava que meu pai era bem velho comparado aos pais dos meus amigos. Era pouco falante e trancado em si mesmo, sempre lendo o jornal ou livros, que devorava em poucos dias. Talvez por conta de uma certa surdez que ele exagerava, era um pouco ranzinza, dando a impressão de que não era muito feliz. Eu acreditava que isso talvez decorresse do fato de ele ter sido obrigado a deixar a Faculdade de Medicina de Genebra antes de finalizar o curso, e de não estar contente com a profissão de cirurgião-dentista e com sua atuação em negócios imobiliários que, passados alguns anos, se mostraram desastrosos pela extrema valorização dos imóveis que ele vendera a preços vis. Muito tempo depois, quando me aproximei mais de meu pai e de seu irmão Tarcísio, o tio Sinhô, por fotos e relatos, cartas e cartões postais, fui mudando essa percepção, entendendo meu pai como uma pessoa que fora vaidosa, até socialmente engajada. Gosto de observar suas fotos, particularmente a que mostra uma excursão a Santos que ele fez em 1917 com um grupo de amigos que havia comprado um carro, tremenda novidade à época. Ele também chegou a ensaiar uma trajetória de empreendedor, participando do loteamento da Chácara Bibi em parceria com seus primos os irmãos Couto de Magalhães. O projeto resultou na criação do bairro do Itaim Bibi, hoje uma das áreas mais nobres de São Paulo.

Francisca desabafou com Lídia, dizendo que meu pai precisava se casar e não tinha dúvida de que sua filha seria uma excelente esposa.

Foi assim que meu pai conheceu minha mãe, Maria do Rosário Meira (1907-1994), cujo apelido era Jaio. Ela havia feito o curso normal para ser professora, escrevia e recitava poesias. Os seus irmãos, entre os quais alguns juízes, não gostaram da diferença de idade entre ambos, que era de 24 anos. Jaio tinha apenas 22 anos quando se casou. Foi complicado, mas meu pai, enfim, conseguiu, com sua esposa, superar o desassossego causado pela paixão por sua sobrinha Vitalina.

Meus pais tiveram cinco filhos. A primogênita é a minha irmã Myriam (1929). Ainda jovem, ela foi para a Organização de Auxílio Fraterno (OAF), que virou uma ordem católica reconhecida pelo Papa. Cheguei a participar de uma das atividades dessa entidade, que existe até hoje. Eu tinha uns 15 ou 16 anos, quando saíamos à noite com café, alimentos e cobertores para distribuir aos moradores em situação de rua de São Paulo, que, à época, nem eram tantos.

O segundo filho a nascer, no ano seguinte, foi Raul (1930), dez anos mais velho que eu. O próximo na escada foi José (1932). O penúltimo filho, quatro anos mais velho que eu, é muito conhecido do público – embora provavelmente muitos não saibam que ele é meu irmão. É Tarcísio de Magalhães Sobrinho (1935-2021) ou, simplesmente, Tarcísio Meira, que adotou artisticamente o sobrenome de nossa mãe. Tarcísio, um dos maiores atores da história do Brasil, infelizmente faleceu de Covid-19 em 2021, aos 85 anos.

Por fim, este que vos escreve é, como já disse, o último filho de Raul e Maria do Rosário.

A bem da verdade, sempre senti uma pontinha de inveja de meus irmãos, que tiveram acesso a experiências que nunca tive, como por exemplo, aulas de música (cada um tocava um instrumento) – embora fosse eu o que mais gostasse de música. A morte de meu pai se abateu com particular intensidade sobre mim, o caçula, pois desde cedo já estava trabalhando para garantir que meu padrão de vida permanecesse estável. Embora eu tenha vivido uma tragédia que nenhum de meus irmãos teve de enfrentar, a perda de um filho, hoje posso dizer que foi essa dor devastadora que, no final, me deu forças extras para impulsionar a minha carreira.

Capítulo 2

Meu irmão Tarcísio

Meu irmão Tarcísio Magalhães Sobrinho, conhecido pelo nome artístico Tarcísio Meira, foi provavelmente o ator mais conhecido e apreciado no Brasil, dos anos 1960 até a sua morte, em 2021. Na verdade, ele não tinha intenção de fazer uma carreira artística. Trabalhava no Tribunal de Justiça de São Paulo e queria fazer o Itamaraty para seguir a carreira diplomática. Um dia, estava esperando uma amiga que ensaiava uma peça teatral no Esporte Clube Pinheiros, quando o diretor do espetáculo pediu a Tarcísio que aguardasse o fim do ensaio para conversarem. O papo girou sobre a intenção de tirar um ator do elenco, e ele acabou convidando Tarcísio para substituí-lo. Em poucos dias, Tarcísio entrosou-se com o elenco e, graças a sua memória prodigiosa, conseguiu dominar um texto bastante extenso em tempo hábil para a estreia da peça, duas semanas depois. A peça, *A Hora Marcada*, de Isaac Gondim, era uma típica comédia inglesa com três casais e foi um sucesso, passando do teatro amador para o profissional. Tarcísio foi agraciado com o título de melhor ator do ano no teatro amador. Após esse sucesso, foi chamado para uma excelente peça, *O Soldado Tanaka*, dirigida e protagonizada por Sérgio Cardoso, o nosso maior ator shakespeariano, casado com a atriz Nídia Lícia. Tarcísio acabou recebendo convites para atuar na televisão que se iniciava no Brasil, ainda sem videoteipe e outros recursos. Trabalhou na TV Tupi, em peças de teatro que eram transmitidas ao vivo todos os domingos. Daí foi contratado pela TV Excelsior e, finalmente, pela Globo, onde veio a se consagrar como o principal ator de telenovelas, contracenando por muito tempo com Glória Menezes, a quem havia conhecido na TV Tupi e que, como ele, se iniciava na profissão. Posteriormente, Glória foi a protagonista feminina em *O Pagador de Promessas*, até hoje o único filme brasileiro ganhador da Palma de Ouro no Festival de

Cinema de Cannes. Um dia chamei a atenção do Tarcísio para a Glória, (cujo nome de batismo era Nilcedes – filha de Nilo e Mercedes), que quase sempre aparecia no teatro da TV Tupi, exaltando sua beleza e desempenho. Tarcísio me disse que sentia uma enorme atração por ela, mas se sentia constrangido por ela ser casada e ter dois filhos. Semanas ou meses depois, Tarcísio contou-me que foi de madrugada ao prédio em que ela residia com seu marido e gritou seu nome da rua, pedindo que descesse para ficar com ela. Glória desceu, dando início a um relacionamento que se iniciou com o desquite de Glória, no qual advoguei por ela. O noticiário do falecimento de Tarcísio em agosto de 2021 traz muitas informações sobre sua carreira artística.Tarcísio só trabalhou a vida inteira. Primeiro, alguns anos no fórum e, depois, pelo resto da vida no teatro, TV, cinema e, com o tempo, em suas fazendas. O mesmo aconteceu com Glória, que adorava representar e igualmente acompanhar Tarcísio em tudo o que ele fazia. Quando fiz o testamento de meu irmão, seu único descendente, o também ator Tarcísio Filho, não queria ter filhos, pois achava que o mundo ia de mal a pior. Desse modo, Tarcísio morreu sem deixar herdeiros naturais além de Tarcísio Filho. Seu testamento contemplou, além do filho, alguns sobrinhos, seus empregados domésticos e das fazendas – em especial o Albertinho, seu tesoureiro, a quem deixou entre R$ 10 e R$ 15 milhões em ações. Tarcísio foi a pessoa com quem tive a maior intimidade, amizade e confiança recíprocas. Lembro-me do dia em que estava no Rio a negócios e disse-lhe que pretendia me encontrar, no hotel, com a minha principal paixão juvenil. Ele me respondeu que, se fizesse isso, iria fatalmente me divorciar, adicionando que ele iria ao meu hotel para ficar comigo e impedir esse encontro. Tive de cancelar o compromisso, dizendo à minha ex-namorada que um cliente teria de ficar comigo na suíte dupla do anexo do Copacabana Palace em que me hospedara. Nosso futuro caso acabou naquela mesma noite, pois minha ex-namorada ligou para Maria, sua amiga e diretora do hotel, que lhe disse que naquele dia havia muitas suítes e apartamentos vagos no Copa . Tempos mais tarde, quando decidi me separar, fui até o Rio conversar com ele a respeito, como se Tarcísio fosse meu pai. Pedi sua anuência à decisão, que, após algumas indagações dele, me foi dada. Sempre mantivemos essa espécie de relação íntima de apoio, até o dia de seu falecimento.

Capítulo 3

Infância, guerra e arrepios

Embora tivesse pouca idade, ainda me lembro do final da guerra.[3] Certo dia, houve um desfile muito grande e festivo na avenida 9 de Julho, protagonizado pelos pracinhas da Força Expedicionária Brasileira (FEB) recém-retornados ao Brasil. Talvez nem todos que participavam do evento tenham chegado a seguir para a Europa. O fato é que, após o desfile, dois deles, rapazinhos, foram almoçar na minha casa, pois eram filhos de uma senhora italiana, empregada da família, que viveu em casa com sua filha até os seus últimos dias. Com certo encantamento, eu, então um garotinho, conversava com nossa empregada e me impressionava com as histórias sobre sua vinda para o Brasil, cruzando os mares profundos de que eu tinha tanto medo. Nesse dia do almoço, minha mãe convidou todos os empregados a se sentar à mesa e fez questão de ela mesma servir a todos os convidados. Além disso, como logo contou às vizinhas, colocou na

[3] Tínhamos notícias esporádicas da Segunda Guerra Mundial pelo rádio. Elas foram se tornando cada vez mais frequentes à medida que o conflito se intensificava. Como eu ainda era uma criança, também percebia o assunto nas conversas e atitudes de meus irmãos mais velhos. Todos nós, filhos, frequentávamos as filas de racionamento de trigo, açúcar (ou rapadura), fermento e outros itens restritos por conta do conflito. Mas, com exceção desse racionamento e de alguns exercícios de *blackout*, a guerra para nós, como para a maioria dos brasileiros, era algo distante, uma tragédia do outro lado do oceano. Um dia, foi à nossa casa um homem que falava com um sotaque peculiar e que recentemente havia comprado uma bela casa próxima à nossa, para explicar ao meu pai que era judeu e havia conseguido escapar da Alemanha, onde era banqueiro. Estava aborrecido porque, em sua ausência, meus irmãos, com a molecada da rua, haviam transposto o seu portão e quebrado todos os vidros da sua casa, deixando um bilhete, que ele mostrou ao meu pai e em que estava escrito: "Alemão batata come queijo com barata". Traquinagens de crianças. Coitado do judeu alemão, vítima da guerra e por ela responsabilizado.

mesa a mais bonita toalha de seu enxoval para honrar os pracinhas, combatentes ou não, e utilizou nesse almoço a sua melhor coleção de louça inglesa (que hoje está na minha casa).

Meu pai era muito amigo dos irmãos Couto de Magalhães, Agenor e Arnaldo, filhos do Leopoldo, o Bibi, que emprestou seu apelido e nome de sua chácara Bibi, ao loteamento do bairro do Itaim, que acabou sendo batizado de Itaim Bibi. A obra foi resultado de um projeto de urbanização da área, até então uma imensa gleba com 130 alqueires, que era a Chácara do Bibi. Grande parte dessa área, após ser urbanizada, foi fragmentada e vendida em lotes de, no máximo, 1 hectare. Os terrenos foram adquiridos, em grande parte, por pequenos comerciantes e empregados do comércio, a maioria imigrantes italianos, espanhóis e portugueses, alguns dos quais os utilizavam para cultivar verduras e legumes. Algumas glebas, porém, foram vendidas para indústrias, como a fábrica de chocolates Kopenhagen, fundada naqueles anos.

Na verdade, quando foram vendidos os lotes do arruamento que vieram a se tornar o Itaim Bibi, o preço dos compromissos de compra e venda foram muito baixos, de tal modo que os compromissários compradores sequer se interessavam em receber a escritura definitiva, que lhes asseguraria a plena propriedade dos imóveis. O único documento que tinham era uma espécie de caderno, cuja primeira página era uma reprodução do compromisso de compra e venda, com a assinatura das partes; as demais eram recibos comprobatórios do pagamento das prestações. Muitos ficaram dezenas de anos apenas com esse documento particular. Quando eu já era solicitador acadêmico e, depois, advogado recém-formado, tive de requerer nos inventários de alguns dos vendedores ou de suas esposas um alvará para poder assinar pelos espólios a escritura definitiva. Lembro-me de ter feito esse trabalho umas dez vezes. Só deixei de fazer esses acertos quando todos os três casais de vendedores (inclusive meus pais) já haviam falecido. Recomendei que os demais interessados ingressassem com uma ação de usucapião para regularizar suas propriedades. Esse detalhe ilustra bem o baixo valor cobrado pelos lotes, cujos compromissários ou sucessores negligenciaram por meio século ou mais a plena propriedade dos imóveis.

No coração desse Itaim nascente, a Rua João Cachoeira deve seu nome a um escravizado liberto da fazenda de minha família paterna em Guaxupé. Quando meu pai veio para São Paulo, trouxe-o para cá, para ele cuidar de sua mãe e da casa. Depois do falecimento dela, resolveu deixá-lo com Agenor Couto de Magalhães, e fizeram, próximo à avenida 9 de Julho, uma pequena casa para ele dormir e tomar conta do loteamento. João já era velho e deu para beber. Com seus pileques, tornou-se uma figura folclórica do bairro que se formava, por gritar pelas ruas sempre que estava embriagado. O apelido Cachoeira aludia exatamente ao fato de ele beber muito. Então essa rua onde residia, que partia da avenida 9 de Julho, passou a ser a Rua do João Cachoeira, nome que, excetuado o "do" acabou batizando a via mais importante do bairro pelo grande comércio que ali se formou.

Eu defino minha infância como confortável, pois meu pai vivia um bom período após abraçar a profissão de cirurgião-dentista e se envolver com a comercialização de alguns empreendimentos imobiliários, entre eles o do Itaim Bibi. Minha mãe era uma dona de casa dedicada que tentava, à sua maneira, conter as traquinagens de seus filhos.[4]

Morávamos na alameda Franca, entre a Ministro Rocha Azevedo e a Peixoto Gomide. Vivi até os 15 anos nessa casa, que era muito confortável. Ficava num bom terreno, com uma nascente aos fundos. Com sua água, meu pai fez um pequeno lago cimentado onde criava patos. Depois, com as dificuldades financeiras que se aproximavam de meu pai, fomos morar em duas casas geminadas em uma

---

[4] Naquele tempo, as crianças, quando muito pequenas, não saíam às ruas à noite, pois poderiam encontrar "os morféticos de capa preta", imagem com que as mães conseguiam prender seus filhos em casa depois do jantar. Porém, a partir de seis ou sete anos de idade, eu já ia ao Clube Pinheiros durante o dia, sozinho ou com os amigos da rua. Lembro-me de que meu pai me dava uma moeda de um mil réis, com que eu pagava minha ida e volta do clube pelo bonde Jardim Europa. Uma vez paguei o funcionário do bonde com essa moeda de mil réis que coloquei direto sobre a sua caixinha. O tal funcionário, embora pudesse ver os mil réis na caixa de vidro e ferro, não quis me dar o troco para o meu retorno, o que me fez andar a pé desde a Rua Iguatemi até a Alameda Franca, por mais de 4 quilometros. Fiquei revoltado, mas meus pais me enquadraram, dizendo que o funcionário maldoso até tinha o nome de "trocador". Bons tempos aqueles em que crianças tinham medo dos "morféticos" que perambulavam pela noite com suas capas negras enormes, mas podiam ir sozinhas a lugares distantes!

vila, na rua Alves Guimarães, em Pinheiros. Elas foram compradas de meu tio Sinhô e eram vizinhas à casa dele. Desde cedo eu frequentava o clube Pinheiros. Lá nadava e jogava tênis. Eu ia para o clube primeiro de bonde e, depois, de bicicleta. Eram boas pedaladas entre ida e volta. Eu amava bicicletas. Adorava fazer passeios ao aeroporto de Congonhas com amigos. Um dia cheguei a ir, com um amigo, até a base do Pico do Jaraguá, onde Agenor Couto de Magalhães tinha um sítio.

Também de bicicleta, costumava levar as roupas de casa que minha mãe se esquecia de dar para a lavadeira Sebastiana, que também trabalhava em casa. Como todas as empregadas de minha mãe, ela se casou bem, com um caminhoneiro que construiu sua casa nos fundos do terreno, que tinha pouca frente, mas um fundo amplo. Essa casa, na área mais nobre do nascente Itaim Bibi, provavelmente foi adquirida com um belo desconto, intermediado por minha mãe.[5]

Conheci bem esse caminhoneiro que, nas férias, levava para a praia o seu caminhão velho carregado de bicicletas, latas de leite em pó holandesas e uma infinidade de itens de alimentação, para que passássemos as temporadas em Itanhaém, no litoral paulista. Itanhaém, à época, não dispunha de estrada. Apenas linha férrea. De carro, era acessível somente pela praia e, mesmo assim, os veículos tinham de atravessar os inúmeros córregos que desembocavam na Praia Grande. Provavelmente por essa razão, tornou-se uma espécie de reduto pacato, com poucas casas, perfeito para aqueles que desejavam fugir das praias já um tanto lotadas de banhistas das cidades de Santos e Guarujá.

Eu adorava ir para Itanhaém, onde havia algumas belas praias depois de um rio, que eu atravessava nadando, apesar de ser muito largo para mim, uma criança de apenas 9 ou 10 anos. Mas nesse tempo eu já nadava bem. Mais tarde, acho que com uns 11 anos, quando ingressei no ginásio, meu pai me deu um barco tipo catraia,

---

[5] Minha mãe, extremamente católica, queria que todas as suas empregadas se casassem direitinho. Aparecida foi outra empregada de que me lembro muito bem, pois ela foi minha babá e de quase todos os meus irmãos. Depois de um bom casamento, com um contador que trabalhava em um banco, ela teve um filho, Albertinho, que, mais tarde, se tornou tesoureiro de meu irmão Tarcísio e trabalhou com ele por 60 anos.

para umas quatro pessoas, com o qual eu atravessava o rio remando e levando alguns amigos e amigas, para a raiva do senhor Pernambuco, um barqueiro que fazia seu sustento atravessando as pessoas em sua grande catraia a remo.

Antes de ter o barquinho, minha primeira e inesquecível embarcação, quando ainda atravessava o rio a nado, sem levar um tamanco ou sandália, tinha que voltar para casa pela Praia Grande, perto da água para não queimar os pés. Foi aí que um dia encontrei umas menininhas que tomavam banho de mar, deixando seus uniformes da escola na areia. Uma das meninas fez um sinal com o braço, me chamando. Eu continuei meu caminho pela praia. Todas, então, começaram a gritar, me convidando para cair no mar. Entrei e fui para o mais fundo, encontrando as garotinhas. Elas realmente estavam nuas. Tive, então, o meu primeiro contato com a sexualidade. Fiquei excitadíssimo, como nunca havia me acontecido. Uma delas até puxou meu calção para baixo. A brincadeira só acabou quando passou um casal caminhando pela praia. Avisei para uma delas que iria embora para almoçar, mas que voltaria no dia seguinte. Essa brincadeira se repetiu muitas vezes. Uma das meninas tinha um corpo quase de mulher. Ela era bem mais atrevida que as outras, e eu a abraçava pela frente e por trás. A coisa só acabou quando voltei para São Paulo, no final da temporada de férias; ainda virgem, evidentemente.

Capítulo 4

A caminho da vocação

Minha primeira escola foi o Externato Elvira Brandão, do 1º ao 3º ano primário, no qual minha mãe me matriculou muito cedo, escondendo a minha idade. É um colégio centenário da zona Sul de São Paulo, fundado em 1904. Nos primeiros dias de aula, fiz xixi nas calças, por timidez de pedir à professora para ir ao banheiro. Minha mãe foi chamada por dona Angélica, a diretora do Elvira. Ao final, na despedida, ela me disse carinhosamente:

— Cresça e apareça!

Fiquei abalado com a frase. Lembro que fiquei chorando por um bom tempo na entrada de serviço de nossa casa antes de criar coragem para entrar. Essa frase, dita com inocência, foi uma maldade, pois eu estava adorando a escola.

Retomando o ensino no ano seguinte, fui muito bem e consegui pular do 3º ano primário direto para o ginásio no Colégio São Luís, sem ter feito o 4º nem o 5º ano, este último então chamado curso de admissão. Ou seja, pulei dois anos letivos.

Foi no São Luís, uma escola dirigida por jesuítas, que comecei a, digamos, compreender melhor o mundo. Foi um bom tempo de aprendizado. Quando estava no 4º ginasial, um dos padres da escola, que eram chamados de prefeitos, fez uma convocação:

— Alguém quer fazer parte da União dos Estudantes Secundaristas?

Embora eu estivesse com apenas 14 anos recém-completados, aceitei a convocação. Entre muitas outras, fui a uma manifestação contra a CanCan, ou Continental Can, multinacional americana fabricante de latas, que estava prestes a entrar no Brasil com máquinas que diziam ser de segunda mão.

Anos depois, já na faculdade de Direito, vim a saber que uma empresa de Ciccillo Matarazzo e seus irmãos, membros da família mais rica e proeminente da época, queria evitar a instalação da CanCan no Brasil, pois eles tinham um quase monopólio dessa fabricação e, obviamente, temiam uma concorrência desse porte. Foi esse o meu primeiro contato, ainda vago, com o chamado Direito Econômico, que, sem que eu soubesse, passaria a ocupar um espaço central em minha carreira.

Como repeti duas vezes o 1º científico do São Luís, fui jubilado (ou informalmente expulso). Eu não gostava de Física e menos ainda de Química – um claro sinal de que não iria me dar bem nas áreas científica ou de exatas.

A verdade, porém, é que, após alguns anos de sucesso econômico de meu pai, sofremos uma reviravolta. Ele não soube se defender da inflação e também vendeu alguns de seus imóveis por preços irrisórios. Para completar, teve desapropriado seu rancho de pesca, uma chácara de dois alqueires, que mais tarde se tornaria uma parte supervalorizada do nascente bairro do Morumbi. Já beirando os 80 anos, enfrentou dificuldades ainda maiores, o que fez com que eu trocasse um colégio de elite da época, o São Luís, por uma escola pública, e fosse trabalhar com apenas 16 anos. Eu precisava deixar de ser um peso para meu pai e queria passar a ganhar algum dinheiro que me permitisse continuar a viver no padrão a que estava acostumado. Jamais contei aos meus pais que eu havia repetido pela segunda vez o 1º ano científico do Colégio São Luís por causa das faltas nas aulas noturnas para ir ao cinema ou jogar baralho e sinuca com os meus amigos.

Prossegui o científico – atual Ensino Médio – no Colégio Fernão Dias Paes, na rua Pedroso de Moraes, ótima escola pública, com ensino exigente e com uma atração extra que muito me agradou. Era uma escola mista, absoluta novidade para mim. Quase me apaixonei por uma garota judia, que não era das mais bonitas, mas me conquistou por sua inteligência e jeito sexy de se vestir, embora ela mantivesse um namoro firme com outro ex-aluno dos jesuítas, com quem veio a se casar.

Eu sempre lia muito. Foi um período bacana, em que jogávamos bilhar e íamos bastante ao cinema. Na maior parte do tempo, contudo, quando matava uma aula, eu ficava direto na biblioteca. Muitas outras escolas eram chamadas de boates, pois ninguém as levava muito a sério. A maioria dos alunos ia mesmo empurrando os estudos com a barriga, torcendo muito para conseguir uma vaga em alguma faculdade. Mesmo me debatendo contra a Física e a Química, eu havia ido para o científico no rastro de meus irmãos Raul e José, que queriam seguir carreiras técnicas, como Arquitetura e Engenharia. Mas para mim não deu certo. Após perder o 1º ano pela segunda vez, fui fazer um teste vocacional numa entidade chamada Colmeia. Fiz testes por mais de um mês, quando, normalmente, eles eram realizados em dois dias. Até que, ao final de uma verdadeira maratona vocacional, houve uma reunião especial na qual estavam vários dos psicólogos e professoras que haviam me entrevistado. Recebi, então, um veredicto estranhamente duplo. Segundo o diagnóstico, eu poderia me dedicar a qualquer atividade empresarial que me sairia bem. Nesse contexto, Direito e Economia seriam as profissões mais adequadas ao meu perfil empresarial.

Décadas mais tarde, eu estava com uma namorada numa festa familiar, quando fui abordado por uma senhora muito elegante, já de certa idade, que me disse ter sido uma de minhas examinadoras no teste vocacional e que, posteriormente, foi presidente da Colmeia. Ela contou que, por muito tempo, sem êxito, havia tentado se comunicar comigo a fim de acompanhar a minha trajetória profissional. Como eu havia mudado de casa e de colégio, ela imaginou que eu tivesse ido estudar no exterior, onde provavelmente teria mais oportunidades de desenvolvimento profissional que no Brasil. Após esse contato, voltei há pouco tempo a procurar a Colmeia, essa instituição tão decisiva em minha vida. Reencontrei-a nos Jardins, próxima à rua Groenlândia, numa pequena ruela batizada com o nome de sua criadora, Marina Cintra, que também participou de outras ótimas instituições, como o MUD (Movimento Universitário de Desfavelamento).

Por ocasião do vestibular para as escolas de Direito, houve greves conturbadas na USP e na PUC. Como eu já havia sido reprovado duas vezes no São Luís, não estava disposto a perder mais um ano. Decidi, assim, prestar o Mackenzie. Por um mês, tive aulas particulares de latim, que não era ensinado no curso científico, e português, e entrei em 8º lugar. De cara, gostei muito da escola e comecei a frequentar o Centro Acadêmico. Eram anos bastante tensos politicamente, e se tornariam ainda mais após o início do período militar em 1964.

Como as mensalidades eram caras, me candidatei a uma bolsa de estudos. Consegui uma integral, que durou dois anos. Mesmo assim, tratei de arranjar dinheiro. Tive a sorte de, no mesmo mês em que entrei na Faculdade, com a ajuda de meu irmão Tarcísio, conseguir um emprego no Tribunal de Justiça de São Paulo como escriturário. Como eu era campeão em datilografia (mais de 120 toques por minuto), me dei bem. Aprendi a datilografar sozinho, praticando em uma velha máquina de escrever *Underwood* que meu pai me dera. Além disso, eu já cursava a Faculdade de Direito com bons resultados. Em pouco tempo, com apenas 20 anos, fui galgando, através de concursos, cargos superiores na hierarquia – terceiro escrevente, segundo e primeiro. Essa ascensão, se não tivesse sido interrompida, acabaria me levando ao cargo de escrivão, no qual eu ganharia um salário igual ao de juiz de Direito em começo de carreira. Mas não era isso o que eu desejava. Essa época foi de grande relevância em minha vida, pois comecei a me dar conta de que havia encontrado no Direito a minha vocação e na advocacia o meu rumo. Eu já estava empolgado com ela pelas conversas que mantinha com os advogados que ficavam do outro lado do balcão do cartório.

Como eu adorava as aulas, não perdia nenhuma. Ao mesmo tempo, também usava as fitas das aulas gravadas por meu amigo de classe Antônio Cláudio, em seu gravador de rolo italiano da marca *Geloso*, para confeccionar apostilas. Eu passava o conteúdo das fitas direto para um estêncil, e assim, imprimíamos apostilas de quase todas as matérias do curso. Elas eram vendidas por ele (eu nunca aparecia, pois não queria passar por explorador dos colegas). Consegui, desse modo, ter uma renda extra, além da que ganhava no serviço público, o que me possibilitou comprar meu primeiro carrinho nacional – uma Romi-Isetta azul e branca – e deixar para trás as motos e lambretas que tivera até aquele momento e que muito me ajudaram nesse período em que eu exercia múltiplas atividades.[6]

---

[6] A Romi-Isetta era realmente um carrinho diferente, posto que tinha apenas um banco dianteiro e uma porta que ocupava toda a frente do carro e que, quando

No início da faculdade, esse aumento de renda – tribunal mais apostilas – me possibilitou viajar bastante para o Rio de Janeiro, onde tive uma paixão, hoje minha grande amiga. Eu saía na sexta-feira, no ônibus das 22h, e chegava ao Copacabana Palace pelas 7h da manhã, pagando apenas uma diária para ficar o fim de semana no melhor hotel do Rio. No domingo, voltava para São Paulo no ônibus noturno, desembarcava e seguia direto para a faculdade, pois as aulas começavam às 7h30. Encerrada a última delas, seguia direto para o meu trabalho de escrevente no fórum.

Foi uma época ótima! Eu trabalhava no fórum e, nos fins de semana, ainda viajava para a velha Guanabara ou fazia um serviço social numa ONG estudantil chamada Movimento Universitário de Desfavelamento – o MUD, sobre o qual me deterei com mais calma adiante. Antecipo apenas que fui o coordenador da sua área jurídica e também que, com essa minha militância, acabaram-se os meus fins de semana cariocas, pois conheci Teresa, com quem me casaria, ambos ainda estudantes, ela na PUC e eu no Mackenzie.

Ainda nesse tempo, eu fazia política como diretor do Centro Acadêmico João Mendes Júnior do qual fui candidato a presidente. Foi bom, no decorrer do processo, eu ter renunciado à minha candidatura em benefício de outro colega, pois creio que assim, logo cedo, afastei qualquer tentação de projeto político na minha vida, embora sempre me julgasse um ser político.

---

aberta, deixava para fora a direção e o painel do veículo. Dentro cabiam apenas duas pessoas (ou três quase sem respirar de tão apertados) e uma malinha bem pequena. Mesmo assim, era a sensação entre os jovens da época e me proporcionou momentos inesquecíveis.

Capítulo 5

O poeta, o Direito e as paixões

Em 1963, um diretor do centro acadêmico destacou-me para ir buscar, no hotel, um artista que viera do Rio pela manhã para dar um show à noite no auditório Ruy Barbosa, do Mack, patrocinado pela Faculdade de Direito. Era ninguém menos que Vinicius de Moraes, com quem passei muito tempo antes do show.

Fomos à Biblioteca Mário de Andrade e à Galeria Metrópole, ambas próximas, que ele desejava conhecer.

Vinicius era um sujeito muito brincalhão. Zoava com tudo. Voltamos para o hotel e seguimos para o show no auditório do Mack. Foi um espetáculo fantástico, que contou ainda com participações de grandes nomes da Bossa Nova. Encerrado o show, ele me cobrou:

— E agora? O que vamos fazer?

Fomos a uma boatezinha que funcionava embaixo da Galeria Metrópole. Vinicius sentou-se ao meu lado em um sofá e, do outro lado, estava uma colega de curso, que, além de boa aluna, era uma mulher lindíssima e charmosa. Não demorou muito para que Vinicius de Moraes soprasse ao meu ouvido:

> — Vou me apaixonar por essa sua colega. Ela é linda demais!

Minutos depois, quando ele se levantou para ir ao banheiro, minha amiga me confidenciou:

> — Magalhães, esse Vinicius está me cantando sem parar. O que eu faço?

Pensei um pouco e resolvi fingir que eu era o namorado dela. Foi essa a saída que me ocorreu, e ela achou muito boa.

Dito e feito. Enquanto Vinicius estava no banheiro, ela se aboletou ao meu lado, e eu pousei o meu braço bem agarrado ao redor dos seus ombros. Quando ele voltou, me disse surpreso:

— Carlinhos!! Então você é namorado dela? Desculpe!
Mas por que não me avisou?

Fui evasivo e nada respondi de concreto. Ficou o dito pelo não dito.

Talvez ainda sob a empolgação dessa cumplicidade na boate, no dia seguinte, na escola, tentei passar uma cantada meio na brincadeira nessa colega, mas não deu certo. Mesmo porque eu já namorava Teresa, e ela sabia disso.

As paixões sempre foram recorrentes em minha vida.[7] Há uns oito ou dez anos, decidi enumerar todas as garotas pelas quais eu havia me apaixonado. Fiz essa lista porque estava ficando velho (ou idoso, como é politicamente correto dizer). Dois de meus amigos morreram sozinhos quando tinham 74 anos. Isso me deixou consternado.

É óbvio que essas paixões estão presentes também, às vezes até em excesso, nas disputas judiciais. Imprevisíveis e altamente voláteis, elas são a matéria-prima da vida. Nesse território, tive um caso jurídico interessantíssimo. Ele ocorreu bem mais tarde em minha carreira, mas gostaria de registrá-lo agora, como um belo exemplo de como, no Direito, as paixões humanas de toda natureza se entrelaçam nos autos e bastidores dos processos. Muitas vezes, o advogado

---

[7] Na verdade, eu guardo paixões que remontam ao primário, como uma colega do Elvira Brandão, Leonor, por quem eu, do alto dos 9 anos, era fascinado. Eu a reencontrei muito tempo depois, ambos já adultos, e relembrei meu encantamento pueril por ela. "Por que não me disse? A gente poderia ter dado certo", ela respondeu. Pena que com muitas décadas de atraso, pois foi minha primeira paixão, oculta, sem seu conhecimento. Minha iniciação sexual foi com uma menina no Guarujá durante o feriado do 4º Centenário da cidade de São Paulo, em 1954. Eu tinha 14 para 15 anos e ela, 17. Fiquei apaixonadíssimo, mas ela era noiva. Perdemos a virgindade juntos.

precisa se blindar, pessoal e profissionalmente, para que não sejam contaminados o seu bom senso e a sua racionalidade.

Foi assim nesse episódio que passo a narrar. Um dia apareceu em meu escritório um senhor muito bem vestido que chegou até mim por indicação de um amigo e que, por coincidência, residia a 100 m de minha casa. Ele queria fazer um testamento para dar segurança aos filhos. Demorei um pouco para tocar as primeiras providências nesse sentido, pois meu potencial cliente viajava com muita frequência ao exterior. Assinado o testamento, ele me disse que havia mais um problema, muito confidencial: ele tinha uma filha fora do casamento, que residia com a mãe na Suíça. Nesse meio tempo, sua esposa veio a falecer. Ele, então, me confessou que, no passado, tivera uma relação com a esposa de um conterrâneo. Ambos eram judeus e, juntos, haviam enfrentado e sobrevivido aos horrores dos campos de concentração nazistas, cujas marcas ambos traziam na forma de tatuagens impressas nos pulsos. Foram libertados pelas tropas aliadas nos derradeiros embates da guerra.

Meu cliente queria, em primeiro lugar, resolver o problema da filha. Como a mãe da menina ainda era casada com o seu conterrâneo quando engravidou, viu-se obrigada a registrá-la com o nome do marido. Foi quando ela decidiu fugir para a Suíça, sem ter se separado legalmente. Meu cliente queria, em suma, que eu desfizesse todo esse imbróglio. Para tanto, ofereceu-me o contato de um idoso, mas ótimo advogado suíço. Em nossa primeira conversa, ele me informou que o pai, em cujo nome a filha fora registrada, teria de prestar um depoimento perante um tribunal suíço, esclarecendo o caso. Após alguns contatos, em que comentei a impossibilidade de levar o falso pai para a Europa, o advogado me informou que iria conseguir que esse pai prestasse o seu depoimento aqui mesmo, em um tribunal brasileiro, o que consegui fazer por meio de uma declaração formalizada em um tabelião, que foi aceita na Suíça, pois também seria muito difícil levá-lo a um tribunal brasileiro.

Para conseguir a declaração, resolvi primeiramente conversar com o advogado da empresa desse pai oficial. Ele me deu a informação de que seu patrão era uma pessoa extremamente difícil e que somente pelas manhãs, bem cedo, seu humor era um pouco melhor.

Consegui, assim, ter uma breve conversa matinal com ele ao telefone. Sua reação foi muito dura, como era de se esperar.

— O senhor é um chantagista — me disse o marido enganado. — Se é para dizer que esse canalha roubou minha mulher, que sumiu do Brasil, fale diretamente com o meu advogado — completou, praticamente berrando ao telefone. Acho que ele já tinha ciência de quase tudo que eu me preparava para lhe dizer.

Fui em frente com o processo - e tive a sorte de seu advogado externo ser um profissional de primeira linha, com o qual já tivera outro caso que acabamos equacionando muito bem. Tive de anular o registro de nascimento da filha na Suíça e cuidar do divórcio da mulher. As duas, mãe e filha, vieram ao Brasil, e a mãe se casou com o meu cliente. Coube a mim o ônus de avisar aos filhos legítimos de meu cliente que eles tinham uma meia-irmã. Os dois, um casal, ficaram consternados, pois, além de tudo, essa meia-irmã havia nascido quase no mesmo dia que um deles. Felizmente, os meio-irmãos acabaram se dando muito bem com a nova integrante da família. Passado esse tsunami, meu cliente e agora amigo certa vez me confidenciou:

> — Como a vida dá voltas desconcertantes. Sofremos juntos em Auschwitz para essa história terminar desse jeito — ele disse.

Pois é! A paixão escreve histórias inimagináveis, que o Direito enquadra na realidade social, evitando que essas situações transbordem e prejudiquem o direito alheio. Se não foi o meu primeiro caso na carreira, esse foi decerto um dos mais emblemáticos por revelar quanta emoção pode se esconder por trás das páginas frias de um processo judicial.

Capítulo 6

Um casamento em meio a muito trabalho

De volta ao meu período de universidade, em meados nos anos 1960, tive o meu primeiro envolvimento com um caso jurídico propriamente dito, num episódio que foi muito importante para meu pai. Um dia ele chegou em casa aborrecido e com vergonha por estar sendo executado pela Prefeitura paulistana junto com seus sócios. Havia recebido uma intimação para o leilão de dois lotes, na Avenida São Gabriel, pertencente ao loteamento do Itaim Bibi – cujos impostos não eram pagos havia anos. Verifiquei com ele que eram lotes compromissados à venda para um português que tinha voltado para seu país sem ter pago as últimas prestações.

Ainda estava em vigor uma legislação (Decreto-lei 58), que permitia a recuperação de lotes prometidos à venda não pagos integralmente. Citei o português por edital e recuperei o terreno que, valorizadíssimo, foi vendido por meu pai e os Couto de Magalhães a um comprador onde nele ergueu um prédio. Não recebi quaisquer honorários, embora só um terço do terreno fosse de meu pai e dois terços de seus primos – para os quais eu não tinha obrigação nenhuma de trabalhar de graça. Praticamente ninguém ficou sabendo dessa minha primeira investida jurídica que, financeiramente, ajudou muito o meu pai.

Com esse dinheiro, ele conseguiu comprar os direitos dos herdeiros de minha tia Raquel, que falecera recentemente, e que estavam prestes a receber metade da valiosa casa de meu tio Sinhô (também Tarcísio), irmão de meu pai. A razão fora um testamento mal feito, no qual o advogado simplesmente não levara em conta que minha tia poderia falecer antes de meu tio, o que permitia que ela desse para os sobrinhos todos os bens que tinha em meação, apesar de ela nunca ter trabalhado para adquiri-los, como era comum antigamente, época em que, na maioria das vezes, o marido era o único a trabalhar.

Esse foi um caso muito marcante para mim. Eu era, então, um solicitador acadêmico (espécie de estagiário reconhecido pela Ordem dos Advogados do Brasil) e tive de me confrontar judicialmente com esses sobrinhos por afinidade de minha tia, ambos advogados de meia idade, mas que ignoraram uma lei recente que eu havia acabado de conhecer numa aula de Direito Civil. Entre muitas outras disposições, essa legislação, novíssima, havia instituído o direito real de habitação para o cônjuge supérstite (remanescente), desde que este não tivesse outra casa para habitar. Trocando em miúdos, essa lei dava ao cônjuge sobrevivente o direito de continuar residindo eternamente na casa em que havia coabitado com sua falecida esposa. Vencidos, mas ainda decididos a obter algum ganho, os sobrinhos resolveram vender seus direitos hereditários, que representavam 50% da casa a que tinham direito após o falecimento de minha tia Raquel, pela metade do valor, para o meu pai, que havia demonstrado interesse no imóvel.

Nessa transação, os dois acabaram recebendo valores diferentes, pois primeiro comprei para o meu pai os direitos do mais pobre e só depois fechei negócio com o mais rico. Não achei que minha estratégia foi moralmente correta, já que, devido a essa diferença de preços, eles acabaram brigando. Mas esse já não era um problema meu.

Assisti ao encerramento dessa disputa à distância, mas admito que fiquei até satisfeito com o imbróglio por causa da ganância que ambos revelaram ao longo de todo o processo. Eles chegaram até mesmo a pedir ao juiz do inventário de minha tia que mandasse avaliar o valor locatício do imóvel para obrigar meu tio a pagar aluguel da própria casa que construíra para o casal residir, mas não obtiveram sucesso.

Parêntese. Depois disso, passei por um baque. Meu pai faleceu quando eu ainda não tinha escritório próprio. Ele viajava numa Kombi que pertencia à ordem religiosa de minha irmã Myriam. Após ter partido de Recife, a caminho do interior pernambucano, a Kombi colidiu frontalmente com um Jeep. Meu pai, que estava sentado à frente, no banco do passageiro, sem o cinto de segurança, que não era de uso obrigatório à época, foi arremessado para fora do carro e teve traumatismos variados. Minha mãe e minha irmã, que estavam no banco traseiro, sofreram apenas pequenas escoriações. Aceitei com serenidade seu falecimento porque meu pai sempre repetia que gostaria de morrer subitamente antes de uma velhice doentia. Sua vontade se cumpriu. Além disso, ele morreu passeando com minha mãe e minha irmã Myriam, a sua mais querida descendente.

Casei-me com Teresa com 24 anos de idade e ela com 22. Estávamos ambos no quinto e último ano de Direito – eu no Mackenzie e ela na PUC.

Em meio à agitação política no Mackenzie, me convidaram para participar do MUD, Movimento Universitário de Desfavelamento, voltado à erradicação das favelas, que, à época, eram bem menos numerosas, bem menores que as atuais e, principalmente, menos violentas – o que impediria uma iniciativa dessa natureza nos dias de hoje. O MUD ganhou força no meio estudantil e, no segundo ou terceiro ano da faculdade, foi organizado um grande encontro de estudantes de diferentes faculdades que o integravam. Defronte ao portão da Faculdade de Medicina da USP, na avenida Dr. Arnaldo, encontrei meu amigo João Yunes, presidente do MUD, acompanhado de uma bela garota que aparentava ter uns 18 ou 19 anos. Era Teresa.

Teresa e eu sempre íamos juntos, geralmente aos sábados, visitar as favelas, especialmente uma, no bairro da Mooca, que o MUD conseguiu erradicar, transferindo as duzentas e tantas famílias de favelados para habitações melhores. Ajudávamos as pessoas como era possível, tirando uma certidão de nascimento ou carteira de trabalho, ou examinando um contrato de compra de um lote de terreno, por exemplo. Dávamos a atenção legal que podíamos a essa população desassistida. Às vezes até doávamos algum dinheiro (obtido do proprietário do terreno, que queria ver desocupado o seu imóvel na favela), para que alguém pudesse resolver um problema mais premente, como dar entrada em um pequeno terreno para construir uma casa junto com parentes, ou mesmo retornar à terra natal. Estudantes de outros cursos, como Medicina, Odontologia, Serviço Social e Psicologia, também prestavam a essas comunidades os auxílios que estavam ao seu alcance em suas próprias áreas de conhecimento ou até com ajudas de seu próprio bolso. Era uma satisfação, na falta de uma mesa, algo comum nas casas das favelas, nos sentarmos à cama de um morador para ouvir as suas necessidades ou, ainda melhor, contar-lhe que havíamos conseguido resolver algum problema que o atormentava. Nunca vou me esquecer dessas conversas, mesmo diante de tantas outras de capital interesse com que me deparei em minha vida profissional, e me emociono ao escrever essas linhas.

Quando conheci Teresa, eu tinha uma namorada, também do MUD, estudante de Psicologia, mas não andava muito satisfeito com o relacionamento. Durante uma festa de aniversário dessa moça, Teresa me perguntou, um tanto à queima-roupa, se eu era namorado da aniversariante. Surpreendido com a pergunta, respondi:

— Sim. Mas está acabando. Quem sabe até hoje mesmo... Joguei delicadamente a isca, e minha indireta funcionou. Quando saímos da festa, Teresa me levou para casa no seu carro.

Minha mãe ficou possessa com a novidade, pois gostava muito dessa minha namorada, que era de uma boa família, muito religiosa, louca por mim e que havia conquistado toda a minha família. Mas eu precisava encerrar essa relação. No dia seguinte, me encontrei com ela no bar e restaurante *Fasano* do Conjunto Nacional, que tinha, então, umas mesas na calçada, bem mais larga naquele tempo, e dei-lhe um disco, um LP ou *long play* de presente de aniversário. Ela tinha uma expressão triste de quem já sabia direitinho o que ia acontecer. Expliquei simplesmente que não queria mais nada muito sério. Nem foi preciso dizer muita coisa mais. Terminamos, mas até hoje me arrependo de ter feito essa minha namorada sofrer, uma garota muito bacana, de uma família que gostava muito de mim. Até meu irmão Raul me criticou por eu ter tomado essa atitude.

Teresa foi para a Europa e, por quase dois meses, apenas trocamos cartas. Na sua volta, começamos a namorar de verdade. Durante o quinto e último ano, eu assistia a muitas aulas com ela na PUC.

Meu futuro sogro soube do namoro e andava um tanto reticente com nossa relação. Levantou informações a meu respeito com um de seus amigos na política, que era primo de minha mãe e, certo dia, me enviou um recado pela filha: um convite para comparecer à sua casa, no domingo seguinte, para comermos uma boa massa e conversarmos melhor. Neste encontro, ele me perguntou se eu pretendia seguir uma simples carreira no tribunal, ao que respondi que era um ótimo lugar para aprender a prática do Direito, mas eu o encarava apenas como um emprego transitório e que tinha outras aspirações, em especial a advocacia.

Escrever isso me faz lembrar de fatos de minha prática forense como escrevente. Um dia, eu estava na sala como assistente de um juiz, que era uma pessoa muito humana, e foi colhido o depoimento de um homem bem bronco, que havia agredido a esposa. Ela estava com ele no fórum e acompanhou, pela porta, o depoimento do marido, com quem ela provavelmente já devia ter se reconciliado. Encerrado o depoimento, o juiz foi até a mesa do promotor público para dizer que pretendia absolver o réu, após ter lhe passado uma duríssima repreensão. Voltando a sua mesa, o juiz ditou-me a sentença absolutória. Ao final, o réu levantou-se e tirou do bolso uma nota de 20 – não me lembro de qual moeda exatamente – para entregá-la ao magistrado. Antecipei-me ao seu gesto, segurando-o pelo braço, e o coloquei para fora da sala onde ele recebeu um carinhoso abraço da esposa.

Noutro episódio muito interessante, comecei a reparar que os processos decorrentes de inquéritos em que o promotor pedia arquivamento do caso seguiam, em outro andar, apenas para receber dois carimbos: um com a conclusão (remessa) ao juiz e outro com um vistoso "Arquive-se e Comunique-se", no qual o juiz iria colocar a sua assinatura. Um dia me dei conta de que alguns desses processos que seriam arquivados por falta de denúncia do promotor demoravam muitos dias para chegar do cartório para a vara. Mandei, então, fazer uma cópia desses carimbos, e eu mesmo os estampava nos processos nos quais o promotor não oferecia denúncia e os entregava em seguida ao juiz, sem necessidade de descê-los ao cartório.

Algum tempo depois, quando comemorávamos o aniversário de um escrevente, após muitos chopes, sentou-se ao meu lado um oficial de justiça que gostava de fazer o papel de porteiro, que era quem levava os processos da vara ao cartório. Um ou dois chopes a mais, e ele me disse:

— Carlos. Foi você que quis que eu não praticasse mais essa pequena sacanagem que eu fazia para conseguir um dinheirinho para jogar pôquer?

Respondi-lhe que eu realmente havia percebido a sua sacanagem de ficar com o processo para poder "antecipar" o resultado ao indiciado de que ele não seria denunciado, cobrando obviamente pela exclusividade da informação. Disse-lhe também que não havia comentado com ninguém sobre o caso e que fizera os carimbos apenas para tê-los na sala de audiência e eliminar a burocracia. Ele me deu um abraço e me disse, entre emocionado e convicto, que deixaria não só de fazer mutretas processuais, como também pararia de jogar, provavelmente o seu maior problema, já que, segundo ele próprio, sempre acabava perdendo no jogo o dinheiro obtido da tramoia nos processos. Casos e mais casos semelhantes aconteciam nesse meu início de contato com a aplicação prática do Direito. Eu bem poderia escrever vários volumes a respeito, mas temo que meu caro leitor se cansaria de lê-los.

Um último caso para esgotarmos essa instância inicial de minha carreira. Quando o juiz titular tirou férias, foi enviado para a vara um recém-aprovado juiz substituto. Ele parecia só um pouco mais velho que eu e estava trabalhando pela primeira vez (naquele tempo ainda não havia a imponente Escola da Magistratura). Fiquei muito amigo dele e, como escrevente, o auxiliava a tomar depoimentos, a ditar despachos e sentenças e em muitos outros de seus atos como juiz. Quando ele deixou a vara, com a volta do titular, ficou emocionado ao nos despedirmos. Desejou-me muitas felicidades na minha futura profissão de advogado ou juiz. Muitos anos depois, quando já estava iniciando a minha carreira de advogado, voltei a encontrá-lo, em outro episódio que narrarei oportunamente. Essas passagens ilustram muito bem o quanto se pode aprender trabalhando como escrevente forense. É ali que o Direito se desenvolve na prática, com suas formalidades, ritos e os mais diversos atos que fazem um processo andar. Conhecer bem o funcionamento dessa engrenagem (e, igualmente, aqueles servidores que a fazem mover-se) é, provavelmente, o primeiro grande aprendizado que um advogado iniciante deve perseguir.

De volta à indagação do meu futuro sogro sobre meus planos profissionais, que deram origem a esse meu parêntese, uma coisa é absolutamente certa. Depois dessa primeira macarronada – e até nos separarmos, vinte anos mais tarde –, estivéssemos onde fosse e fazendo o que não interessava, todos os domingos eu tinha de acompanhar Teresa à casa de um de seus tios, com quem morava a sua avó, uma velhinha que mandava em toda a família. Sua família só falava o italiano, o que acabou se revelando muito útil para mim, já que, embora ainda não o soubesse, me tornaria um dos principais advogados dessa colônia italiana.[8]

Pouco tempo depois, ainda em 1964, durante as férias de julho do quinto ano, Teresa e eu nos casamos. A cerimônia religiosa foi celebrada na bela capela da PUC. A festa foi na casa dela e depois houve uma surpresa inesperada. Eu havia alugado um pequeno apartamento que decoramos com muito bom gosto. Nele pretendíamos passar nossa primeira noite de casados. Meus colegas de faculdade e do São Luís, no entanto, descobriram o endereço e uma pequena e ruidosa comitiva já bem embriagada seguiu para lá, subornando o zelador para poder entrar. Chegamos, e eles não arredavam pé. Fuzarca de estudantes, por conta da qual quase perdemos a nossa noite de núpcias. Tive de dar uma boa bronca nos meus amigos. A lua de

---

[8] Um pequeno parêntese sobre a família de Teresa. Sua mãe, Alice Elsa Vidulich era descendente de croatas, e se casou com Líbero Ancona Lopez, filho de Nicola Ancona Lopez, jornalista nascido em Bari, com quem teve duas filhas – a mais velha Teresa e a outra Maria Alice, a Mariúcia, ambas bonitas e charmosas. O pai de Líbero, Nicola, emigrou para o Brasil fugindo da perseguição aos anarquistas italianos e trabalhou a vida inteira no jornal *O Estado de S. Paulo*, como editor de política internacional, tendo tido a honra de ter uma rua do Centro de São Paulo batizada com o seu nome. Líbero nasceu e faleceu em São Paulo (1903-1965). Foi alto funcionário da prefeitura paulistana e político muito atuante, elegendo-se vereador e deputado estadual pelo antigo Partido Social Progressista (PSP). Ao contrário de meu sogro, meu pai era um udenista, na prática, a extrema direita daquele tempo. Um dia, logo após o início do governo militar, em 1964, Líbero me pediu um favor: "Tenho muitos livros comprometedores. Preciso que você os esconda para mim". Ele reuniu e eu carreguei um saco com os livros e o enterrei no jardim da casa de meu tio Sinhô, onde passamos a morar quando ele ficou mais velho. Minha mãe viu, reabriu o buraco e ateou fogo na biblioteca de esquerda do meu sogro ali mesmo. Ele ficou extremamente chateado. De quebra, levou uma bronca notável de minha mãe por "envolver um menino (eu tinha 24 anos) nessa situação tão delicada e perigosa".

mel mesmo, que ganhamos de presente, foi em um hotel simpático de Campos do Jordão.

Durante o nosso casamento ocorreram vários episódios que ilustram nossa boa interação. Um deles merece ser narrado. Teresa se tornara professora titular de Direito Civil na principal faculdade de Direito do país, as gloriosas Arcadas do Largo de São Francisco, uma das joias da USP. Nela se relacionou muito bem com seus colegas professores, em geral mais velhos que ela. É o caso da professora Esther de Figueiredo Ferraz, de quem Teresa virou fã inconteste. Esther foi a primeira mulher a assumir um cargo no primeiríssimo escalão do governo federal, como ministra da Educação do presidente João Figueiredo entre 1982 e 1985.

Um dia, Teresa decidiu convidá-la para um jantar em nossa casa e antes e durante o jantar reiterou por diversas vezes sua enorme admiração pela convidada, dizendo que tudo faria para poder imitá-la em seu sucesso. Fiquei realmente emocionado e feliz quando, ao final, a ministra disse que trocaria de posição com minha esposa pelo fato de ela ter uma família tão bem constituída, com filhos lindos, uma casa bonita, e Teresa e eu estarmos alcançando muito sucesso em nossas profissões. É sempre bom receber um elogio tocante e sincero.

Capítulo 7

O primeiro (e único) emprego como advogado

Antes de me formar no Mackenzie, no fim de 1963, montei um escritório com dois colegas de classe em um pequeno conjunto comercial do centro paulistano. O projeto não foi adiante, pois nenhum de nós tinha conhecidos o bastante para construir uma clientela inicial.

O irmão de um amigo, chamado Rudiney, tinha contato com nosso grupo do São Luís. Rudiney era um armário de tão forte, com seus quase dois metros de altura. Trabalhava numa grande construtora, já com um bom cargo. Era atlético e tinha uma bicicleta de vinte marchas, com a qual diariamente pedalava entre 5h e 6h da manhã, em plena alvorada. Um dia, ele foi atropelado por um ônibus da CMTC (Companhia Municipal de Transportes Coletivos), próximo à avenida Juscelino Kubitschek, e faleceu sob as rodas do coletivo. Foi uma tristeza enorme para todos os seus amigos. Sua mulher e mãe de seus filhos me procurou, em busca de uma reparação por sua morte. Entrei com uma ação indenizatória, cujo fundamento era a responsabilidade objetiva da CMTC, com petição inicial redigida por mim e assinada por um tio meu que se aposentara no cargo de diretor da Academia de Polícia de São Paulo.

O juiz de primeira instância sentenciou pela improcedência da ação, sob o fundamento de que não havia sido provada a responsabilidade do motorista. Fiquei muito frustrado e, como a essa altura já era advogado, recorri para poder sustentar, oralmente, a tese do direito objetivo. Conversei com cada um dos juízes do Tribunal de Alçada integrantes da câmara para a qual o processo havia sido distribuído. Um pensamento me perseguia: "se perdermos, sufocaremos a vida de uma família". Eu estava profundamente envolvido com esse processo. Foi a minha primeira sustentação oral na carreira. Abordei o caso com muita emoção. Quase chorei ao expor as potenciais consequências do julgamento. Valeu a persistência. A ação foi julgada procedente por unanimidade no Tribunal de Alçada de São Paulo.

Para informar a decisão à minha cliente, eu havia levado algumas fichas telefônicas nos bolsos, já que naquela época pré-celular a única alternativa eram os orelhões com telefones públicos. Assim que o acórdão foi proferido, saí do tribunal e liguei para Sueli, minha cliente, do orelhão mais próximo. Eu me sentia em estado de graça. Talvez nunca mais tive emoção tão grande em nenhum dos meus casos importantes como a que experimentei neste.

— Ganhamos por unanimidade. Você vai receber todos os salários atrasados e os outros daqui para frente — foram as frases que disse a ela ao telefone, ainda tomado pela emoção.

Foi, sem dúvida, um julgamento comovente, em que os juízes do Tribunal de Alçada criticaram unanimemente o juiz que dera a sentença. A tese da responsabilidade objetiva prevaleceu, firmando-se na jurisprudência. Quando saiu o resultado da decisão, após dois anos de contenda, eu já estava no escritório do Eduardo Prado, à época uma das melhores bancas de advocacia empresarial de São Paulo. Ali comecei a trabalhar como solicitador acadêmico. Obter esse emprego foi uma pequena batalha. As especialidades da casa eram o direito societário e tributário. Comecei com casos de tributário e civil. O escritório Silva Prado, sua razão social, confirmou a minha propensão para o Direito ou para a Economia, diagnosticada pelos integrantes da Colmeia em meu teste vocacional. Entre as carreiras recomendadas, Direito e Economia, acabei me posicionando profissionalmente na intersecção entre ambas. Nesse período, paralelamente à trajetória jurídica, me dediquei à construção de um pequeno prédio a fim de garantir uma renda futura para quando me aposentasse. Com o que ganhava na advocacia, um bom tempo depois, comecei a construir casas para vender em Ubatuba, trabalho que me rendeu bons resultados, e confirmou o segundo veredito do instituto Colmeia – o de que eu teria sucesso em qualquer ramo como empresário. Só ao final de doze anos, deixei o Eduardo Prado para, com certo pesar pelos muitos amigos que ali fizera, abrir o meu próprio escritório, como contarei um pouco mais adiante.

Mas vamos à minha entrada no escritório de Eduardo Prado, que teve lá as suas agruras. Quando ainda era escrevente no fórum, consegui uma transferência para a comissão de cinema do Juizado de Menores, que fazia a censura de filmes concorrendo com a Censura Federal. Trabalhava no 8º andar de um prédio com elevador sempre quebrado, entrando às 18h05 como secretário da Comissão de Cinema do Juizado. Mas, como minha função era administrativa, eu poderia obter a carteira de solicitador acadêmico e, assim, entrar para um escritório de advocacia – mesmo tendo que subir muitas vezes os oito andares do prédio a pé. Nesse tempo existiam apenas uns poucos escritórios do tipo americano, que trabalhavam baseados nas horas de serviço prestadas por seus profissionais. Eles eram o reflexo, em nossa advocacia, da entrada de muitas novas empresas multinacionais no mercado brasileiro.

Eu tinha, por esses anos, dois amigos. Um deles, Carlos Antônio, o Bube, que morreu em 2022, era filho de Antônio Augusto Monteiro de Barros, presidente do conselho de administração da Companhia Vidraria Santa Marina, uma empresa de origem francesa, multicentenária e muito sólida. O outro amigo, Roberto, era filho de João Batista Leopoldo Figueiredo, presidente de várias multinacionais, entre as quais a Scania do Brasil.

Antônio Augusto, além de seus cargos em empresas, também era primo de Eduardo Prado. Edu, como o chamamos, era filho de um antigo cônsul brasileiro na Suécia, e trouxe para o Brasil várias empresas suecas – a Scania Vabis, a Axel Johnson (de navegação), a Stora Kopparberg, entre outras, e tinha amizade com os donos do SEB - Skandinaviska Enskilda Banken, banco que era acionista de várias grandes empresas suecas.

Como eu já conhecia bem os processos do fórum e vários juízes, consegui finalmente uma vaga de solicitador acadêmico no Eduardo Prado, utilizando recomendações dos pais desses dois amigos. Em minha primeira investida, por conta própria, me arrumei todo, melhor terno, gravata e pastinha, para pedir emprego ao Eduardo Prado. Defendi minha pretensão alegando senso de responsabilidade e boas ligações no fórum paulistano.

Prado não parecia muito propenso a me aceitar. Mas eu sabia que a Scania e outras empresas suecas, suas clientes, eram presididas pelo João Batista Leopoldo Figueiredo, pai de meu amigo Roberto. Em um jantar na casa de Roberto, estava presente seu pai, que fez o sorteio de duas passagens à Europa, ganhas de brinde na inauguração de uma nova linha de companhia aérea, me incluindo no sorteio junto com seus filhos e demonstrando que ele gostava muito de mim ao me equiparar aos seus filhos no sorteio.

Não ganhei as passagens. Mas, nessa mesma noite, resolvi abordá-lo, dizendo que queria ser advogado da Scania, o que era uma estratégia para Eduardo Prado me aceitar em seu escritório, pois isso impediria de um dia me tornar um advogado interno da Scania e assumir ao menos parte dos serviços que a empresa passava para o seu escritório. Eu não me via trabalhando em uma empresa. Naquela mesma hora, quando fiz a solicitação ao Dr. João Batista, ele me disse que a Scania já tinha um escritório externo constituído e que, sim, me colocaria nele.

Uma semana depois, Eduardo Prado me ligou, formalizando o convite para eu ser solicitador acadêmico, e me arrumaram um cantinho, onde fiquei por um bom tempo.[9]

Nos primeiros meses, não me senti bem-vindo ao time do escritório. Faltavam-me completamente serviços, e eu não conseguia entabular amizade com os advogados da equipe. Apesar dessa dificuldade, consegui gradativamente me envolver com o próprio Eduardo Prado, atuando nas frentes societária e tributária. Com o tempo, até criei uma grande amizade com ele, que era uns vinte anos mais velho do que eu. Ele foi o meu primeiro mentor na carreira jurídica. Adorava quando ele abria a porta da sala para me dar algum serviço, que progressivamente se tornavam mais relevantes.

---

[9] Curiosidade: vim a saber, mais de uma década depois, que minha mãe havia ido ao escritório Eduardo Prado pedir ao próprio que me aceitasse no escritório, com seu já surrado argumento de que era praticamente uma viúva, pois seu marido era 24 anos mais velho que ela e que precisava que seu filho caçula estivesse bem encaminhado na profissão. Cheguei a reclamar com ela, pois sua intervenção redundou na primeira negativa dele por supostamente eu ter usado a mãe para me ajudar. Ela simplesmente achava que tinha certeza de que fora ela quem convenceu o Dr. Eduardo a me contratar. Ela não estava certa, pois fora a estratégia com o Dr. João Batista e a Scania que me levara ao emprego. Mas não a desmenti. Mãe é mãe...

Alguns anos depois, fui substituindo gradualmente um ótimo advogado do escritório. Era o Ernani Almeida Machado, grande tributarista que, do Eduardo Prado, foi para o Pinheiro Neto e, poucos anos mais tarde, também o deixou para fundar, com outros dez advogados, sua própria banca, o Machado, Meyer Advogados, respeitadíssimo escritório paulista, que hoje reúne centenas de profissionais.

Outro de meus mentores foi o Doutor Eiras, um vizinho já de certa idade, que vivia acamado. Eiras fora promotor em Barretos, cidade do interior paulista. Diziam que ele escravizava presos para trabalhar em suas fazendas. Um dia levou um tiro, supostamente de vingança, e ficou paraplégico. Na minha trajetória, ele foi um mentor mais teórico. Minha mãe, que sentia muita pena dele e se aproximara como vizinha, tornou-se sua amiga, após tê-lo aliciado com seus deliciosos pratos e sobremesas. Isso fez com que ele se aproximasse de mim e acompanhasse com muita atenção os meus passos na carreira. Eu adorava conversar com ele – muitas vezes por horas. Eiras me deu muitos livros antigos e mais tarde, já velhinho, me presenteou com boa parte de sua bela biblioteca de livros clássicos, como *O Príncipe*, de Maquiavel.

Fui aos poucos desvendando a rotina do Silva Prado. Meu primeiro caso de impacto, já formado como advogado, ocorreu quando o antigo imposto IVC (Imposto de Vendas e Consignações) estava sendo substituído pelo ICM (Imposto sobre a Circulação de Mercadorias). Muitas empresas sentiram-se inseguras diante dessa transição e recorreram à Justiça. Não era fácil avançar nessa questão. Mas fui atrás: estudei a implementação do novo tributo e bolei a petição inicial de um mandado de segurança. Como eu conhecia, dos tempos de fórum, um juiz de uma das varas da Fazenda, justamente aquele que eu ajudara como escrevente quando ele servia como juiz substituto, fui ao distribuidor de processos e, em seguida, com uma cópia da petição em mãos, o procurei por volta de 1h da tarde. Ele mandou vir para a sua vara a petição original e me concedeu a liminar para o não pagamento do novo imposto. Após ler atentamente minha petição e, obviamente, me reconhecer, elogiou o texto de meu mandado de segurança. Foi esse o nosso reencontro, citado algumas páginas atrás.

Alertada por mim, a turma do escritório começou, por telefone, a conseguir procurações de outros clientes com problemas semelhantes, para que eles também se juntassem ao processo (o primeiro a obter uma liminar) por meio do litisconsórcio. De olho grudado no relógio, fiquei andando pelos corredores, aguardando as petições até às 17h, quando finalmente um dos advogados do escritório chegou. Fui, então, atrás do juiz, que me dera a liminar e que acabara de sair. Descendo as escadas do fórum João Mendes de dois em dois degraus, saí à sua procura. Encontrei-o na rua, prestes a embarcar num táxi. Eu disse:

— Excelência. Cinco minutinhos... Pelo amor de Deus!

Ele pediu que o táxi esperasse uns instantes, me ouviu com atenção e, após ler a petição de litisconsórcio, assinou a extensão da liminar no próprio capô do carro. Disse, ironicamente, que, com tantas liminares concedidas, acabaria sendo forçado a sair daquela Vara da Fazenda Estadual em que servia como juiz substituto. Ele estava certo. O secretário estadual da Fazenda, com fortes ligações com o governador, conseguiu que ele fosse retirado dessa vara no dia seguinte. Nenhuma outra liminar referente à transição do IVC para o ICM foi concedida.

Esse caso me ajudou muito no escritório. Pouco mais tarde, até me mudaram para uma nova sala, onde ficavam os advogados mais graduados. Foi nessa época, trabalhando bastante, que percebi uma maneira de conduzir os meus casos, que foi fundamental para a minha carreira: dar importância de trabalhar sempre muito próximo aos clientes, chamando-os para conversar e os envolvendo em todas as etapas do processo. Nessas reuniões, discutíamos sobre todo o processo, e quase sempre a conversa resultava em algum passo ou acréscimo importante para o bom andamento da causa. Lembro-me até hoje de que um de meus colegas dizia que eu gostava de carregar os nossos clientes no colo. Eu invariavelmente respondia, quase sempre dando uma boa risada, que "assim eu fazia exercício". Era já um considerável avanço para aquela época, em que era comum o cliente apenas assinar uma procuração e praticamente esquecer o assunto, não se preocupando com o andamento do caso e só voltando a se interessar por ele quando saísse uma decisão favorável. Caso essa decisão lhe fosse contrária, colocava toda a culpa no advogado, que não teria, segundo ele, conseguido se inteirar de todos os detalhes do caso.

Rompi com essa inércia nociva. Em toda a minha vida profissional, sempre deixei claro ao cliente, desde as primeiras tratativas, que somente teríamos sucesso no caso se eu pudesse, efetivamente, contar com ele, ou então com outros profissionais que trabalhassem para ele. Cheguei até mesmo a achar, algumas vezes, que estava exagerando, pois o cliente poderia pensar que eu estava colocando toda a responsabilidade pelo sucesso da causa nos seus ombros. Lembro-me de um dia ter pedido desculpas a um cliente, pelo tanto que lhe exigi ao longo do caso. É sempre melhor pecar pelo excesso que pela falta de zelo. Por isso, sempre fiz questão de deixar claro que a vitória não era obtida só por mim, mas era, em qualquer caso, uma conquista conjunta com o cliente.

Até cheguei a adquirir poltronas muito confortáveis para que os clientes pudessem passar mais tempo nas reuniões, pois assim teria a oportunidade de obter mais informações sobre os problemas a serem resolvidos. Nesse pique, qualquer conforto é bem-vindo. Por isso, fiz questão de colocar em todas as salas de reunião poltronas iguais às da minha sala.

Capítulo 8

Os escritórios

Como costumo dizer com frequência, numa espécie de mantra que me guia pelos mares nem sempre calmos da advocacia, não é a sorte que traz o sucesso. Este, na verdade, apenas vem com a vontade constante de melhorar tudo aquilo que a vida nos proporciona, em especial o conhecimento e o seu lado prático. Quanto mais integrarmos essas duas frentes em uma dinâmica que nos permita melhorar nosso trabalho, serão maiores (e sempre crescentes) as nossas chances de alcançar o sucesso. Isso não se chama sorte, mas, sim, dedicação e entrega.

Lembro-me com certa satisfação de como consegui trabalhar no primeiro escritório, onde entrei como solicitador acadêmico, o que chamamos atualmente de estagiário. Se eu não tivesse insistido (e muito!), jamais teria conseguido entrar no Eduardo Prado. Ainda nesse campo, destaco um outro atributo que julgo ter sido igualmente importante aos meus graduais avanços no universo do Direito. Eu, sempre que precisei, pedi ajuda às pessoas. Não há vergonha alguma nisso, apenas uma sábia humildade. O que poderia haver de humilhante em conseguir obter algo com a ajuda de alguém, como quando eu pedi aos pais de amigos para que intercedessem por mim na obtenção de meu primeiro emprego?

No próprio escritório de Eduardo Prado, rapidamente me dei conta de que jamais se ganha uma causa sozinho, mas sempre com a colaboração de colegas e, em especial, dos próprios clientes. Recordo-me com clareza de, quando resolvi deixar o escritório do Prado, ter convidado por diversas vezes um colega de lá para ser meu sócio nessa nova empreitada. Em vão, pois ele não quis se arriscar a perder o bom salário ou a participação que recebia dos resultados.

Argumentou que seus ganhos já lhe proporcionavam uma vida satisfatória com a família – uma bela casa, viagens frequentes etc. Quis o destino, no entanto, que ele acabasse perdendo tudo – a esposa, a bela casa e a vida despreocupada, tendo ainda de, simultaneamente, conviver com uma tragédia bem pior do que aquela que eu sofrera com a perda de meu filho Marcelo. Esse advogado ainda é um grande amigo, mas naqueles dias senti que havia perdido o meu primeiro potencial sócio. Faço menção a esse episódio apenas para demonstrar que, na advocacia, talvez até mais que em outras profissões, nunca se deve deixar de correr o risco de mudar de posição, desde que ela possa se traduzir em avanços para a sua carreira.

Nesse meu novo escritório, que funcionou numa casa alugada no bairro do Pacaembu, coloquei alguns móveis de segunda mão, mas em ótimo estado, uma máquina de escrever IBM usada, carpetes verdes iguais aos do escritório do Eduardo Prado, cadeiras confortáveis e um telex que, sinceramente, não me lembro de ter sido muito usado. Foi aí que recebi os meus primeiros clientes – a família que, com sua causa, movida contra um importante grupo empresarial brasileiro, me abriu caminho no segmento de acionistas minoritários. Também nessa casa tive o meu primeiro cliente empresarial propriamente dito, um árabe interessado na aquisição de uma fatia acionária de um banco brasileiro praticamente em escombros. Foi um começo animador. Em apenas um ano consegui receber honorários algumas vezes maiores que as participações que recebia no Silva Prado.

Foi assim que, dois ou três anos mais tarde, já com o escritório consolidado e com grandes horizontes para expandir meus negócios, achei que precisava mudar para um prédio comercial. Aluguei, assim, um amplo e bonito conjunto de salas no Conjunto Nacional, então o edifício mais icônico da avenida Paulista, que havia sido inaugurado uma década antes, em 1958. Projetados originalmente para abrigar um hotel, os dois prédios de trinta andares (Horsa I e Horsa II) tornaram-se edifícios comerciais e um endereço bastante charmoso e disputado da cidade. O Conjunto Nacional ocupa todo um quarteirão entre a avenida Paulista e a Alameda Santos.

Certa vez, numa sexta-feira em meio a um feriado, dia em que praticamente ninguém trabalhava, eu estava em minha sala, colocando o trabalho em dia. Numa breve parada para descansar, admirando a bela vista que se abria além da janela, vi uma fumaça saindo de um dos andares abaixo e um caminhão do Corpo de Bombeiros chegando. Deixei rapidamente o décimo andar, onde eu trabalhava, e tirei o meu carro da garagem. Aquela cena me assustou. No dia seguinte, peguei meu Adamo, um conversível nacional inspirado nas Mercedes de dois lugares, e saí com meus filhos à procura de uma casa para comprar. Visitei uma delas apenas pelo lado de fora, mas o segurança, uniformizado, me disse que ela não poderia ser vendida para mim, pois seu uso, de acordo com a Prefeitura, era exclusivamente residencial.[10]

O guarda também me disse que não sabia nada sobre o proprietário. Reparei, nesse meio tempo, que havia uma pequena placa em uma das janelas do andar superior, aparentemente com um número de telefone, mas impossível de ser lido daquele ângulo; ainda menos já no fim de tarde. Não tive dúvidas. Deixei o segurança falando sozinho, voltei correndo para minha casa, ali perto, peguei um binóculo, regressei ao imóvel e consegui anotar o número do telefone, que era de Santa Catarina. Só fui atendido na segunda-feira, pois era um sábado quando a vi. Acabei sabendo que a casa pertencia ao BRDES (Banco Regional do Extremo Sul). Quando me informaram o preço, o considerei muito conveniente. Disseram-me, porém, que esse valor era reajustado trimestralmente e que faltavam apenas dois dias para o novo reajuste, que seria superior a 10%. Eu me dispus a ir no dia seguinte para Florianópolis, sede do BRDES, mas eles já me passaram a minuta de um contrato que informava as condições da compra: 10% de entrada e um ótimo parcelamento. Bastava que eu remetesse a minuta de volta já preenchida e fizesse o depósito da entrada no próprio banco. Detalhe: toda essa troca de informações foi feita por telex, que era, digamos assim, a ferramenta de comunicação mais avançada daquele tempo e que eu havia adquirido pensando que algum dia me seria muito útil. Foi assim que comprei uma bela casa, antes mesmo de ter pisado uma única vez sequer em seu inte-

---

[10] Logo percebi que esse guarda que ficava na casa e os demais com os quais atuava em regime de rodízio estavam há muito tempo ganhando dinheiro para estacionar mais de uma dezena de carros diariamente, prestando um rentável serviço aos ricos estudantes da Faap, que fica a poucos metros do imóvel. Para não perder sua renda, esse bando de seguranças fazia de tudo para espantar os potenciais candidatos à compra do imóvel. Diziam mesmo que a casa podia desabar e que seus muros e teto estavam repletos de goteiras e infiltrações. Tudo, absolutamente tudo, mentira!

rior, só visitando-a à noite alguns dias depois das trocas de telex e do recebimento das chaves. Eu a visitava com o auxílio de uma lanterna, pois os seguranças foram dispensados e a luz, desligada. Uma boa reforma deixou a casa perfeita. Meses depois, eu abri meu novo escritório na rua Armando Penteado. Hoje ele se situa a cerca de 300 m de minha atual residência.

Foi essa, enfim, a trajetória dos meus escritórios na fase inicial de minha carreira até me consolidar neste último, de ótimo tamanho, mais que suficiente para os 21 advogados, estagiários e colaboradores. Atualmente, por conta das transformações digitais, não temos necessidade de secretárias e office-boys, por exemplo, uma vez que as funções tradicionais de uma secretária mudaram num mundo em que praticamente tudo é feito ou resolvido online e, no caso dos office-boys, uma nova categoria de prestadores de serviços, como a dos motoboys, hoje domina as grandes cidades.

Outra passagem que merece registro ocorreu quando meu escritório já funcionava na rua Armando Penteado. Um dia, em meio à rotina corrida, recebi o telefonema de um advogado da Mercedes Benz, dizendo que o diretor jurídico da empresa havia se aposentado e indagando se eu me interessaria pelo cargo. Respondi que a proposta poderia ser do meu interesse. Dias após esse primeiro telefonema, esse advogado voltou a me procurar, afirmando que um diretor da companhia queria me conhecer e conversar sobre o cargo. Marcamos uma reunião e tive o prazer de constatar que, nesse encontro, foram informadas todas as questões pertinentes ao cargo: minha integração, com visitas à sede e às instalações da montadora no exterior; um aprendizado intensivo da língua alemã; 18 salários anuais, horários de trabalho e outros benefícios, além de um preparo para representar a Mercedes Benz na ANFAVEA, Associação Nacional dos Fabricantes de Veículos Automotores, principalmente, assumir a presidência dessa entidade por dois anos, já que o cargo era rotativo entre os representantes das montadoras, e era a vez de a Mercedes indicar o seu novo ocupante. Pedi um prazo para pensar a respeito, pois realmente o convite era tentador. Além disso, eu já havia trabalhado por muitos anos como advogado da Scania, representando essa empresa em reuniões semanais da ANFAVEA, em que eram discutidas questões jurídicas, particularmente as tributárias, o que já me dera um bom conhecimento sobre as montadoras de veículos e suas singularidades. Em suma: eu me julgava plenamente apto para o cargo e via com bons olhos todas as vantagens oferecidas em termos de vencimentos e condições de trabalho. Compreendendo bem a minha posição, à época, de titular de um escritório de advocacia em plena ascensão, deram-me a possibilidade de me desvencilhar dessa função em um prazo razoável. Pensei muito sobre essa proposta, que realmente era uma oferta séria por parte da Mercedes, pois o cargo me pareceu muito bom e, ainda por cima, era extremamente tentadora a possibilidade de assumir a presidência da ANFAVEA, sem dúvida a mais importante das associações de classe do Brasil. Nela eu manteria diálogo com o alto escalão de todas as empresas associadas e, principalmente, com os órgãos públicos mais relevantes, defendendo o setor econômico mais importante do país. Eu seria não apenas o advogado de uma montadora, mas uma figura de destaque na agenda das discussões mais cruciais de nossa vida econômica.

Depois de muito meditar por dias e dias, decidi não aceitar a oferta, principalmente por ela me afastar da família. Mas também pesou muito a minha percepção, de que eu ainda tinha muitos desafios em minha profissão independente de advogado *full time*. Feitas as contas e analisada a minha clientela, concluí que vivia um momento muito promissor como advogado independente, mesmo se confrontado com as grandes vantagens que me eram oferecidas. Também naquele tempo, infelizmente, eu ainda não tinha sucessores no escritório, pois Lúcia e Gabriel ainda não haviam se formado.

Agradecendo o convite, me dei conta de como é difícil tomar decisões nessas encruzilhadas de nossas vidas profissionais. Resolvi prosseguir em minha trajetória independente e fiquei muito grato por esse convite honroso. Foi finalmente um "poderia ser" confortante e tentador. Eu o recebi com muita humildade, mas como uma medalha de ouro, que me fora concedida pelo sucesso que havia alcançado até então. De qualquer forma, a advocacia independente era efetivamente o meu caminho.[11]

---

[11] Além de expressar minha gratidão ao diretor da Mercedes pelo esforço de ter vindo ao meu escritório para apresentar essa proposta, quando o normal seria eu ter ido à empresa, esse nosso encontro teve um fato curioso. O carro do diretor, uma Mercedes do ano, que estava em meu estacionamento com o motorista, foi roubado por uma quadrilha e, na sequência, utilizado para assaltar um banco.

Poucas horas depois, no entanto, policiais avisaram-me que o veículo havia sido localizado. A Mercedes foi devolvida enquanto o diretor da empresa e eu ainda estávamos em reunião.

Capítulo 9

Um belo fim de semana

Pelé entrara em nossa vida de uma maneira um tanto mágica, alguns anos antes de nossa ligação profissional. Ao fim de uma semana de muito trabalho no Rio de Janeiro, já separado de Teresa, pedi a ela que mandasse nossos filhos Marcelo e Lúcia, para que pudéssemos voltar a São Paulo pelas praias da Rio-Santos (BR 101). Eu já havia alugado um Fiat compacto. Quando estávamos prestes a partir, recebi um telefonema da amiga Regina, que havia sido minha namorada na adolescência, que tinha nos convidado para passar o fim de semana na sua bela casa em Angra dos Reis. Ela me pediu que dessemos uma carona até sua casa para ninguém menos que Pelé, que também passaria o fim de semana lá. Evidentemente, aceitei na hora. Esperamos pouco tempo por ele, já que Pelé estava em um apartamento grudado ao hotel Copacabana Palace onde eu estava hospedado.

Era sábado e os cariocas, ao contrário dos paulistas, não costumam viajar sexta-feira à noite, por medo de assaltos. Logo no início da viagem, que duraria mais de quatro horas, Pelé iniciou um bom papo com Marcelo, que contou ao Rei que gostava de tocar com sua banda de rock uma de suas músicas, *Perdão não tem*, gravada no álbum *Encontros - Elis Regina e seus amigos em encontros históricos (1981)*, e que eu costumava ouvir no meu carro em companhia de meus filhos. Quando chegamos a Angra, apareceu um violão e Marcelo tocou-a inteirinha na frente do Rei. Nem preciso dizer que Pelé ficou emocionadíssimo com o inesperado *pocket show* de meu filho. Passamos ali um dos melhores fins de semana da minha vida. Guardo, com imenso carinho, uma foto de Marcelo com Pelé em Angra, na qual ambos sorriem felicíssimos, parecendo velhos amigos.

Alguns anos mais tarde, Lúcia e eu estávamos com Marcelo e sua turma de colegas de classe numa churrascaria da rua Haddock Lobo, comemorando sua formatura no antigo ginasial, atualmente Ensino Fundamental, quando Pelé entrou no restaurante. Tão logo nos viu, juntou-se à nossa mesa, deixando os seus acompanhantes em outra. O Rei foi apresentado a todos os amigos de escola de Marcelo – em especial a uma garota por quem ele era apaixonado, Mariana, mas que era um ano mais velha que ele e, até então, não lhe dava bola. Esse encontro foi muito importante na vida de Marcelo, pois a partir deste dia passou a rolar uma paixão entre os dois, que durou até a morte de meu filho.

Capítulo 10

O grande baque

Chego agora àquele que, disparado, foi o episódio mais amargo de toda a minha vida. Quero de início, e com enorme tristeza, repetir o que inscrevi na lápide do túmulo de meu filho primogênito, falecido em 1993, aos 16 anos.

"NUNCA HAVERÁ ALGUÉM IGUAL A MARCELO".

É a pura verdade sobre ele, uma personalidade alegre e cativante aos olhos de todos, sem falar na sua vivacidade, que nunca vi em outra pessoa: um eterno garoto loiro, de olhos azuis profundos, perfeito em toda sua apresentação e, acima de tudo, um filho amoroso como poucos hoje em dia, dada a sua forte ligação com o pai.

Alguém que, desde pequeno, toda vez que chegava em casa, sentava-se meio deitado ao meu lado e me pedia um cafuné.

Alguém que, ao embarcar para sua viagem fatal, indagou emocionadamente para sua mãe, sua irmã e para mim:

> — Por que ninguém está chorando para se despedir de mim?

Poderia aqui escrever páginas e páginas sobre ele, suas aventuras, a paixão pela única namorada, a felicidade ao fazer uma visita comigo, em Londres e Liverpool, aos lugares onde os Beatles iniciaram sua trajetória musical, ou ao receber de presente uma guitarra da marca *Fender Stratocaster* que lhe dei para tocar na sua pequena banda. Adicione-se a essa lista o amor que Marcelo sempre teve por sua irmã Lúcia, sempre vigilante e protetor. Em meu coração, realmente, como no de muita gente mais, nunca haverá alguém como ele.

Como o próprio subtítulo que dei a esta biografia, sobre as venturas e desventuras da minha vida, quero logo deixar claro que essa minha grande desventura, bem acima de qualquer outra em minha existência, foi a pior que uma pessoa pode ter, a perda estúpida de um filho. Foi esse o meu grande baque na vida. A palavra "estúpida" qualifica esse episódio lamentável, pois ele não foi decorrente de algo natural, igualmente triste, que é a perda de alguém por uma doença fatal ou ainda por um acidente imprevisível. O caso da perda do meu filho é diferente, pois decorreu da irresponsabilidade de terceiros, que possibilitou ou até contribuiu para o ocorrido, já que o pai do garoto que convidou meu filho a sair do país não considerou a minha vontade e preocupação expressa para ele por escrito. Nessas circunstâncias, a nossa dor se amplifica, criando em nós um sentimento de revolta muito difícil de ser combatido, que só pode ser superado no decorrer do tempo e com muita força de vontade.

Tentarei ser sucinto nos detalhes sobre essa tragédia que foi devastadora para a minha família. Certo dia, um dos melhores amigos de Marcelo chegou a uma festa de São João na escola onde ambos se conheceram. Com uma enorme insistência, esse garoto convenceu Marcelo a ir para Portugal com ele, onde residia com seu pai, um publicitário carioca.

Eu não via razão para essa viagem, entre outros motivos porque, seis meses antes, Lúcia e Marcelo haviam passado trinta dias de férias com sua mãe em Paris. Teresa tinha o mesmo entendimento. Depois, porém, levantou-se a questão de que o namoro de Marcelo estava se tornando preocupante, dada a intensidade da paixão entre o casal, que ora os enchia de felicidade, ora os enredava em discussões terríveis que acabavam com cada qual voltando para a casa dos pais correndo, perturbados e sem fôlego. No dia seguinte, essa volatilidade amorosa recomeçava.

Por fim, acabamos concordando com a viagem. Naquele período, havia restrições pesadas à entrada de jovens brasileiros em Portugal. Chegamos ao cúmulo de pedir ao nosso amigo Celso Lafer, então ministro das Relações Exteriores, que escrevesse a seu homólogo português, solicitando que autorizasse a entrada de Marcelo em Portugal. Também fiz questão de escrever uma carta ao pai do amigo de Marcelo, que trabalhava na filial de uma agência em Portugal, o qual eu não conhecia pessoalmente. Nessa carta, pedi encarecidamente que ele jamais deixasse os meninos viajarem sozinhos. De nada adiantou. O pai do garoto negligentemente deixou que eles fossem, altas horas da noite, de Lisboa para o Algarve, num trajeto até então muito perigoso. À época, a estrada, além de precária, era cheia de curvas, ligando as pequenas freguesias e aldeias que se sucediam pelo caminho. Mesmo assim, seguiram os dois meninos e mais dois amigos, um dos quais ao volante. Todos estavam conhecendo o carro naquela noite, pois o veículo, um Citroën, havia sido emprestado pela mãe de um deles. O resultado foi que, às 6h da manhã seguinte, recebi um telefonema do pai, que começou da seguinte maneira:

> — Você vai ouvir a pior notícia que já recebeu na sua vida.

Nisso ele tinha toda a razão, a mesma que lhe faltou para prevenir a tragédia. Receber essa notícia foi evidentemente o pior golpe da minha vida. Como se a dor em si não bastasse, ainda tive de comunicar a tragédia a Teresa e a Lúcia, que estava de férias em Ubatuba com a minha primeira namorada após o divórcio. Realmente, não sei como tive forças para avisar Teresa em sua casa, por volta das 7h da manhã. Aliás, antes liguei para o psiquiatra com quem tínhamos feito terapia para que ele me instruísse como fazer o relato da tragédia, já que ele conhecia bem a Teresa. Ele me deu alguns calmantes para, se preciso, dar a ela na hora dessa notícia horrenda. Foi outra batalha informar a Lúcia e amenizar essa perda brutal, pois ela era muito grudada ao irmão. Tive ainda de levar a notícia ao pai da namorada de Marcelo, a qual um dia antes havia viajado para Paris para se encontrar com meu filho dias depois. Ela havia ganhado essa viagem do pai, Antônio Henrique Amaral, um pintor famoso, sobrinho da célebre artista plástica modernista Tarsila do Amaral.

Ao receber a notícia, ele relutou em ir buscar a filha na França. Só tomou essa providência quando lhe disse que, caso ele não fosse imediatamente, eu mesmo iria avisar a garota e trazê-la de volta, apesar de estar, naquele momento, totalmente imobilizado pela situação. Só bem mais tarde, me daria conta de que as tragédias podem endurecer e às vezes paralisar as pessoas. No longo prazo, no entanto, se bem enfrentadas, essas adversidades acabam nos tornando mais fortes. Ao menos o bastante para que voltemos a encarar a vida com um mínimo de normalidade.

Capítulo 11

A sobrevivência pelo trabalho

Impotente diante desse golpe, fiz o possível e o impossível para sobreviver, voltando a trabalhar poucos dias após a tragédia. Acabei trabalhando em um caso interessante e difícil de umas distribuidoras de combustível contra os postos de serviços e vendas a consumidores, que almejavam ter um preço comum. Atuei como advogado da Esso e, prestigiado por colegas de outras distribuidoras, contestei na justiça a ação dos postos de serviço. Obtive uma sentença que alcançou todos os proprietários de postos de gasolina e serviços, para que pudessem praticar preços diferentes para os combustíveis. Não faz sentido, afinal, um posto na esquina do Shopping Iguatemi, por exemplo, ser obrigado a cobrar o mesmo preço que um posto da periferia.

Não posso deixar de registrar nestas páginas que inúmeros colegas, clientes e amigos muito me ajudaram nesse período amargo. Uma pessoa que fez uma tentativa de me ajudar, hoje me recordo bem, foi um conceituado cirurgião, provavelmente o melhor de sua especialidade. Ele foi ao meu escritório no final da manhã e, após conversarmos um pouco sobre uma questão jurídica, me convidou para almoçarmos juntos. Após o almoço, continuei no seu carro pensando que ele iria me levar de volta ao escritório.

Em vez disso, seguiu direto para o consultório de um conhecido cirurgião plástico, alegando que queria verificar um ferimento que tinha no queixo e pediu a minha companhia. Já no consultório, ele simplesmente me deixou com o cirurgião, que começou a avaliar todos os procedimentos que eu precisaria fazer. A certa altura, verifiquei que o médico fazia anotações, como se fosse eu o seu cliente. Saí por um instante da sala, em busca de explicações com meu amigo.

Foi quando começou uma pequena discussão entre ele e o cirurgião plástico, que estava reclamando que meu amigo não me dissera nada sobre a cirurgia plástica e que eu tinha toda a razão de não me submeter ao procedimento naquelas circunstâncias.

Fiquei desconcertado e decidi ir embora. Só no caminho de volta, enquanto o motorista dirigia, meu cliente argumentou que a melhor coisa após uma tragédia era fazer uma plástica. Segundo ele, era uma boa maneira de se renovar após um sofrimento extremo. Ele já havia combinado com o colega cirurgião para realizar a tal cirurgia, e que ele pagaria tudo, inclusive o hospital. Evidentemente, rechacei a oferta, agradecendo por sua boa intenção, mas dizendo que jamais cogitara fazer uma cirurgia plástica e que, mesmo que considerasse a hipótese, jamais a faria naquela época turbulenta, em que meu único objetivo era ajudar minha filha e sua mãe a retomar suas vidas dentro da normalidade possível. Tudo isso para dizer que não faltaram mãos amigas quando o chão desapareceu sob meus pés. Mesmo que fossem desajeitadas, como as que acabo de mencionar.

O trabalho sempre foi a minha alegria como advogado – e também em outras ocupações transitórias às quais me dediquei, como a construção de imóveis e, nas horas vagas e férias, a atividade de marceneiro, sempre inventando um móvel ou aperfeiçoando outros que não eram bem-feitos. Ou, ainda, as aventuras como pescador de marlins, em que obtive muito sucesso. Pesquei mais de vinte deles na Bahia, sempre os devolvendo ao mar, exceto um, que morreu depois de mais de uma hora de luta, cuja carcaça hoje fica no terraço de minha casa de Ubatuba. Ele tinha 2,50 m de comprimento e mais de 200 quilos. Jamais fiquei um minuto parado ao longo de toda a minha vida. Sinceramente, nem nas horas de insônia eu tinha dispersão de ideias, pois só pensava em saídas possíveis, imaginando procedimentos capazes de equacionar os casos mais difíceis da minha vida – tanto pessoais como profissionais. Quando os problemas eram muito complicados, nem sequer alcançava o sono, só me dando conta de minha insônia quando o dia amanhecia.

Capítulo 12

Pelé eterno

Certa vez, o diretor de cinema Aníbal Massaini, que fez o filme *Pelé Eterno* (2004), reclamou que o filme fora muito mal distribuído pela Universal Pictures, o que teria diminuído consideravelmente a bilheteria da obra. Por isso, queria entrar com uma ação contra a empresa. Pelé tinha direito a um percentual do faturamento do filme. Decidi entrar com uma ação indenizatória com o nome dele no topo, Edson Arantes do Nascimento, e também com o da empresa de Aníbal, que havia produzido o filme. Contei ainda com a colaboração do advogado habitual de Massaini, o Dr. Marcos Bitelli, grande amigo meu. Entrei com a ação e, já em primeira instância, obtive total ganho de causa, inclusive com a aplicação de uma grande multa à Universal. Curiosamente, o contrato, desfavorável a Pelé, previa sanções econômicas apenas contra ele no caso de determinados problemas, mas nenhuma penalidade contra a Universal. Mesmo assim, contra a vontade de meus então colegas de escritório, solicitei, na petição inicial, que a Universal fosse multada com base no princípio da isonomia (igualdade perante a lei), argumento que foi bem aceito em juízo. Para confirmar ainda mais a negligência da Universal, um dia recebi um telefonema de uma amiga, que assistira ao filme em seu quarto de hotel na Europa, algo vedado à Universal enquanto o filme não esgotasse seu circuito de exibição pelas salas de cinema. Juntamos esse fato e outros como prova e obtivemos ganho de causa, com diversas multas sendo aplicadas à Universal em razão da má distribuição, num valor muito maior que a indenização propriamente dita.

No recurso apresentado pela Universal Pictures ao Tribunal de Justiça, o escritório Pinheiro Neto, que assumiu a causa após o fracasso do advogado de primeira instância, passou a supervisionar o trabalho de dois advogados americanos da Universal Pictures que vieram ao Brasil para tentar um acordo. Esse trabalho coube ao Dr. Celso Cintra Mori. Encontrei-me com o trio no meu escritório, para uma conversa preliminar. Fiz, nessa ocasião, uma defesa muito eloquente de meu cliente, dizendo a eles:

— Eu conheço bem os Estados Unidos e, em minhas viagens, gosto muito de visitar os monumentos de seus heróis – os memoriais de Lincoln e Jefferson, entre outros. Pois bem! Vocês têm os seus heróis em dezenas de frentes, inclusive muitos deles esportistas, como lutadores de boxe, embora estes últimos eu não considere esportistas porque esmurram seus semelhantes. Dessa forma, eu também tenho o meu herói, o nosso, o de 200 milhões de brasileiros. É o meu cliente. E vocês precisam saber que nenhum juiz brasileiro dará uma sentença contrária ao nosso Rei, como o chamamos aqui. Podem ter certeza de que o Tribunal de Justiça, por intermédio de seus eminentes desembargadores, confirmará a decisão de primeira instância em poucos dias. Assim será, também, se chegarmos ao Supremo Tribunal Federal. Ao fim de meus comentarios, os advogados americanos ficaram revoltadíssimos com as minhas palavras e disseram: "Então, neste país não há justiça e nós não temos o que fazer aqui".

Pegaram suas pastas e deixaram a sala de reunião. O advogado que sucedeu a Pinheiro Neto à frente do escritório após a sua morte, Dr. Celso Cintra Mori, fez com que eles voltassem à mesa de negociação. Eles voltaram bastante contrariados. Mas voltaram. Foram dois dias de conversas e discussões de argumentos. No último deles, um domingo, como notei que os americanos estavam cansados e ansiosos para ir embora, decidi ainda aumentar o valor da indenização pedida. Por pressa ou anuência, eles concordaram. Pelé recebeu um bom dinheiro. Era coisa de milhões, em reais convertidos dos dólares. O produtor Massaini também angariou uma considerável quantia.

Capítulo 13

Lúcia e Gabriel: o casal perfeito

Quando acabou o colegial, atual Ensino Médio, Lúcia entrou diretamente na Faculdade de Direito da PUC-SP, e sem qualquer influência dos pais revelou-se uma aluna brilhante, fazendo, ao longo do curso, belas dissertações sobre vários temas. Quando se formou, foi fazer uma pós-graduação e enfrentou uma banca examinadora altamente qualificada da Faculdade de Direito da USP (as Arcadas), com sua tese de doutorado (sem ter passado pelo mestrado). Lúcia foi aprovada com elogios unânimes dos avaliadores, com recomendação de que seu trabalho fosse publicado. A tese transformou-se no livro *Publicidade e Direito*, objeto de várias edições, sempre atualizadas. Lúcia, minha filha, triunfou sobre o conhecimento e sobre si própria.

O pioneirismo de seu tema, que aborda as frentes de abuso da publicidade à luz do Direito – propagandas enganosas, abusivas, infantis e também as recém-surgidas digitais –, permitiu que Lúcia conquistasse uma clientela robusta nos segmentos publicitário e empresarial, tornando-se bastante admirada. A segurança que transmite em suas consultas e nos julgamentos, nos quais foi obtendo uma sequência de sentenças favoráveis faz dela hoje em dia uma das maiores referências em sua especialização.

Além disso, após alguns namoros, encontrou finalmente o seu par definitivo: Gabriel Nogueira Dias. Embora ele tivesse atuado em nosso escritório desde quando cursava o segundo ano da Faculdade de Direito da USP, Gabriel foi fazer um estágio no CADE, em Brasília, e lá acabou ficando por mais de um ano, devido à insistência do presidente do órgão, que não queria liberá-lo. Quando, enfim, deixou o CADE, seguiu quase direto para a Alemanha, onde, por cinco anos, cursou a Rheinischen Friedrich Wilhelms Universität de

Bohn (a então capital da Alemanha Ocidental), uma das faculdades de Direito mais tradicionais do país. Esse seu ciclo se encerrou magnificamente, com uma tese de doutorado sobre o célebre jurista germânico Hans Kelsen. Detalhe: sua tese foi escrita em alemão, língua que Gabriel só aprendeu de fato após desembarcar no país, e foi bastante aclamada diante de outras teses apresentadas naqueles mesmos anos de 2001/2002. Esse trabalho, hoje traduzido para o português como *Positivismos Jurídicos e a Teoria Geral do Direito na Obra de Hans Kelsen*, foi muito profundo e consistente. Apenas a bibliografia, sua maior parte em alemão, se estende por 27 das 382 páginas do livro. Poucas vezes vi uma bibliografia tão extensa.

De volta ao Brasil, sem ter vindo nenhuma vez durante o curso, logo tratei de recolocá-lo em meu escritório. Por falta de lugar, por um bom tempo ele dividiu a sala com a minha secretária. Lúcia acabou sendo conquistada por ele pela feliz convergência da cabeça de ambos, já que Gabriel passou a ajudá-la a desvendar alguns trabalhos que ela conduzia.

Quando Lúcia me ligou, enquanto eu estava na França, para contar sobre seu novo namoro, eu disse que considerava a relação entre eles muito promissora. Fiz, no entanto, uma única recomendação: a de que, por um período de seis meses, eles não tornassem pública sua relação. Meu medo, no fundo, era o de perder Gabriel no escritório, caso a relação dos dois não deslanchasse. Felizmente, meu temor não se confirmou. Eles ficaram noivos e se casaram no melhor estilo e em meio a muita alegria, em 2005. Hoje, Lúcia e Gabriel têm três filhos, meus netos, bonitos, inteligentes e bem-educados. Pela ordem, eles são Alice, Paulo e Mateus. Gabriel e esses três recém-chegados à minha vida atenuaram em meu espírito a perda de meu filho Marcelo.

É muito difícil falar sobre minha vida particular, com um belo casamento, um divórcio sem qualquer grave motivo, e mais de 30 anos de vida de divorciado (ou neo-solteiro) até, finalmente, engatar um novo casamento já no outono de minha vida. Tive muitos amores e ligações afetivas ao longo dessas três décadas. Um amigo que fiz na França me chamava de *célibataire* e até me deu um quadrinho, em francês, que debochava um pouco dessa minha então vocação solitária.

O que posso dizer é que minha vida foi extremamente corrida desde meus 16 anos, quando comecei a trabalhar e nunca mais parei. Hoje vejo, também, que nunca tive uma namorada de fato na minha juventude, embora tenha me apaixonado por algumas mulheres. Eu era tímido e me julgava pouco atraente – até feio, às vezes. Só aos 23 anos tive uma namorada que realmente me correspondia e com quem me casei muito cedo, ainda cursando a faculdade, enquanto me virava em três empregos e em muitas outras atividades.

Marcelo e Lúcia nasceram, respectivamente, em 13 de março de 1977 e 9 de fevereiro de 1979. Tiveram ambos uma ótima infância, residindo numa casa enorme, que aluguei por muitos anos até comprar um dos lotes anexos, onde construí a minha casa supostamente definitiva, que tornei ainda mais confortável com um belo paisagismo e uma piscina que projetei, construída quando meus filhos já haviam aprendido a nadar e eu já havia me separado de Teresa, mãe deles.

A verdade é que, após mais de 18 anos de casado, passei a sentir uma ânsia por liberdade, uma vontade quase incontida de conhecer um mundo novo, diferente daquele que eu mal aproveitara, de tão envolto que estava com o ritmo frenético de minha própria vida e com a barreira da timidez que carreguei na juventude.

Meu sentimento era o de que eu deveria (e poderia) aproveitar a vida mais plenamente do que vinha fazendo até então. Os 30 anos que fiquei por aí têm uma razão muito simples. A liberdade, mesmo que eventualmente limitada por uma ou outra ligação afetiva mais ou menos fugaz, sempre me seduziu, principalmente pela variedade das ligações amorosas que tive nesse período. Foram experiências incríveis, que eu somente poderia experimentar se me divorciasse, eliminando qualquer relação, salvo a amizade, com a minha ex-mulher.

Ao chegar aos 70 anos, porém, comecei a ficar preocupado com a minha condição solitária e passei a encarar com mais seriedade as novas relações que surgiram, namorando uma juíza que conhecera ao despachar uma petição, além de outras relações subsequentes, quase sempre com belas mulheres, que, no entanto, eram muito moças para eu me casar. Até que um dia, através de fotografias, fui apresentado por amigos a uma mulher muito bonita e com idade mais próxima a minha. Henriqueta Cecilia Heilborn Nogueira, além de inteligente, culta, de ter feito, entre outras, a Faculdade de Belas Artes e ser ótima pintora, ela tinha sido segunda colocada no concurso de Miss Guanabara, no qual foi inscrita por brincadeira de sua irmã, à revelia de seus pais, que só ficaram sabendo por notícias de jornal. Com ela vim a me casar, em 2016, em uma bela cerimônia e uma grande festa no Copacabana Palace, o meu hotel carioca desde sempre. Ela adentrou o salão acompanhada de seus filhos, com a canção *Ela é carioca*, de Tom Jobim. Fiz até um pequeno discurso agradecendo a presença de convidados que vieram de longe, focando que, embora o nosso futuro tempo de casados seria mais curto pela nossa idade, seria muito mais feliz pela intensa vida amorosa que ali se iniciava.

Capítulo 14

Todas as mulheres do mundo

Poderia facilmente preencher páginas e páginas deste livro falando de mulheres encantadoras, mas, para não provocar inveja em meus caros leitores e não causar aborrecimentos a minha esposa, limito-me aqui a transcrever algumas reminiscências do antropólogo Darcy Ribeiro, mais conhecido por ter sido, a vida inteira, um comunista de carteirinha, ministro e senador. Em seus últimos anos e obras, porém, Darcy lançou uma luz muito singular sobre o papel que as mulheres tiveram em sua vida, como fontes de segurança e permanente encantamento. Dela selecionei os seguintes excertos:[12]

> As mulheres sempre me interessaram soberanamente. Desde que me lembro de mim, criança ainda, me vejo embolado nelas. Carente, pedindo carinho. Encantado, querendo encantar. Quis ter muitíssimas, se conto as duas ou três que sempre tive em mente como senhoras de meus desejos. Alcancei as graças de pouquíssimas. Uma pena.
>
> Foram elas, são elas, o sal de minha carne, o gosto e gozo de meu viver. Marinheiro neste mundo, amor é o vento que sopra minhas velas nas travessias. Amando, navego por mares calmos e bravios, me sentindo ser e viver.

---

[12] É exatamente esse, "Mulheres", o título de um dos capítulos mais tocantes de seu livro *Confissões* (Companhia das Letras, 1977), do qual extraí os excertos. Embora Darcy escreva em prosa, de seu texto emana uma doce poesia e contagiante paixão ao falar das muitas mulheres de sua vida. Apesar de não concordar com suas posições políticas, fui à sua posse na Academia Brasileira de Letras (ABL), no Rio, a convite de meu grande amigo Alberto Venâncio, que havia me garantido que Darcy era também um ótimo escritor e uma pessoa extremamente interessante, como eu vim a conferir pela leitura de seu livro de memórias, o *Confissões*.

Não posso é viver sem amor, desamado, na pasmaceira das calmarias; parado, bradando de ver o mar da vida marulhar à toa.
O amor é a mais funda e mais gozosa e mais sofrida das vivências humanas, e suspeito muito que o seja também para todo ser vivente.
Amor sem desejo e confluência é fervor, bem querer, ou o que se queira. Mas amor não é. Somos seres irremediavelmente solitários. Ao nascer, rompemos, sangrando nossa mãe, o vínculo carnal com ela, que se recupera em nostalgia, mamando, sonhando.
Umas mulheres, das mais mulheres deste mundo tão bem provido delas, atravessaram meu caminho e eu, graças a Deus, o delas. Todas se imprimiram em mim: prazer e dor. Cada qual a seu modo foi meu amor naquela sua, nossa hora. Algumas ficaram em mim. Eu as terei sempre.
Há o amor desta idade? Querem que haja, platônico, decerto. Quer dizer: sem dentes, impotente. Conheci muita gente que me falou dela antes que eu a alcançasse. Todos, como eu agora, estavam acesos, querendo amar, sofrendo não poder, mas querendo, insaciáveis. O amor é o assunto preferido dos velhos que têm juízo e coragem.
Ó doces e acres amadas minhas de amor recôndito e passageiro, que no seu instante nosso me iluminaram, e sempre me retornaram.
Mais que tudo contam minhas amadas tantas, tão poucas, que eu amei muito demais. Amei de paixão assumida, soltas as rédeas, na cavalgada, subindo a céus celestiais e baixando a infernos infernais.
Ó minhas donas que amei, que comovi e que me comoveram tanto. Quais? Quantas? Sei lá. Muitas. Muito poucas. Na verdade, só uma. Uma só. Amamos eternamente é o amor de cada hora, em suas encarnações inumeráveis. De quem vou me lembrar, aqui, agora? Sei não (p. 550-554).

Como meu pai, mas à minha maneira, vaguei por muitos anos guiado pelas paixões – ou pela falta delas. Uma coisa, porém, é certa. Apaixonado ou não, as mulheres sempre foram uma fonte inesgotável de encantamento em minha vida, o que fez com que me identificasse tão profundamente com a prosa poética inigualável de Darcy Ribeiro.

Ao longo dessas mais de três décadas, viajei com muita frequência – e tive o prazer de conhecer mulheres lindas e interessantíssimas pelas quais me apaixonei. De uma delas, Simona, uma italiana, cheguei a ficar noivo, com direito a pedido de casamento formulado aos pais durante um almoço. Fui de terno e gravata e ainda levei flores lindas para minha provável futura sogra. Noivamos um bom período, mas não chegamos a nos casar.

Outra mulher marcante desse período foi Kirsten, norueguesa que conheci num hotel da Sardenha. Ela cuidava da exposição dos quadros de seu ex-cunhado, uma mostra que Lúcia, minha filha, me recomendou visitar. Embora muito diferentes em suas origens latina e nórdica, foram muito difíceis de conquistar, pois, além de belas, eram de famílias muito ricas. Quando se trata de riqueza diante de um possível casamento, as famílias europeias costumam valorizá-la muito mais que as nossas – que, ao menos em princípio, não colocam o dinheiro em primeiríssimo lugar, embora entre nós ele também seja cada vez mais considerado. Nada disso espanta o prazer que experimentei ao vê-las, cada qual ao seu tempo, desembarcar em São Paulo e, ao me encontrar, cantarem a música *Eu sei que vou te amar*, que haviam aprendido em discos que lhes presenteara em outras passagens pelo Brasil ou em minhas idas à Europa.

Fica provavelmente uma indagação de meus leitores: por que, tendo noivado com essas duas mulheres, acabei não me casando com nenhuma delas? Em relação a Simona, embora seus pais concordassem com a união, já estava nos planos deles que eu morasse em Roma na belíssima casa "estilo americano", como diziam, que tinham feito para a filha e seu futuro marido em uma parte do grande terreno de sua própria casa, onde já havia, além da casa projetada, um belo jardim, uma enorme piscina, uma garagem cheia de veículos, etc., e que a cerimônia fosse realizada em um belíssimo castelo próximo de Roma. Não poderia concordar com esse projeto dos pais porque já sentia que Simona era uma mulher mimada por eles e que tentava fazer prevalecer sua vontade em suas relações.

Entre muitas situações durante nossa convivência, me lembro de uma quando fomos a um restaurante em Paris e a recepcionista nos perguntou "smoking or no smoking". Cada um de nós deu uma resposta e a moça repetiu a pergunta. Como continuamos respondendo diferente e aumentando a voz a cada vez, após várias repetições, a recepcionista avisou que daria a mesa para outra pessoa, razão pela qual tive que ceder ao "no smoking", contrariando meu prazer de fumar, que vinha desde os 18 anos. Em outra, estávamos por uns dias no hotel Plaza Athenee em Paris e ela não me deixava fumar dentro do quarto, nem ligar a TV, obrigando-me a ir ao terraço em um dia de muito frio e umidade, típico do inverno parisiense. Somando essas muitas contrariedades entre nós e principalmente a meia residência na Europa, não tive alternativa senão acabar com nossa relação sentimental, embora tenhamos uma boa amizade até hoje.

Com a Kirsten, o fim de nossa relação não foi muito diferente. Mesmo tendo me apaixonado por ela, fui aos poucos percebendo uma grande diferença no modo de encararmos a vida, pois embora eu já tivesse um bom padrão econômico, sentia que Kirsten estava sempre voltada a um exibicionismo, adorando ficar cheia de joias, muito bem vestida, e andando de salto alto até em locais como um gramado em Angra dos Reis. Além disso, mostrava um certo egocentrismo, exigindo que eu tivesse olhos somente para ela em todo o tempo quando estávamos juntos, o que contrastava com meu estilo de vida, com minha habitual simplicidade e sempre envolvido com o trabalho. Até quando estávamos longe um do outro, obrigava-me a ficar ao telefone por infindáveis conversas sobre sua rotina em horários em que muitas vezes eu não podia por motivo de trabalho ou de outros compromissos ou, até mesmo, por precisar dormir. Também demonstrava que, depois de já ter passado o período de curiosidade pelas coisas do Brasil, ainda estava muito ligada a Europa, tendo até um apartamento em Mônaco, que seu pai usava esporadicamente para não pagar imposto na Noruega. Enfim, um dia em que fui com ela para Buenos Aires participar de um congresso, não aceitei, como ela queria, irmos em seguida para Oslo conhecer seus pais e, assim, nosso relacionamento foi se esgotando, reciprocamente, aos poucos, embora se mantivesse quando nos encontrávamos, mas com ciúmes de outros relacionamentos que surgiam além de nossa parceria esporádica.

Embora tenha havido esses dois e diversos outros relacionamentos sentimentais pelos 32 anos de minha solteirice, ainda tive umas poucas desventuras com mulheres, mas sempre me resguardando quando sentia que não havia reciprocidade do outro lado. E aí vai mais uma história.

Certa vez, uns amigos me telefonaram de um restaurante para compartilharmos a mesa com uma amiga deles, naquela oportunidade desimpedida. Quando fui apresentado a ela, senti o que tanto se fala – amor à primeira vista. No dia seguinte já ofereci uma feijoada em casa convidando os mesmos amigos e a apaixonante mulher. Além de muito bonita, era culta, interessante, e articulada, e aparentemente disponível. No terceiro dia seguinte, aceitou meu convite para ir a um canil numa fazenda no interior, para eu comprar uma fêmea para meu cachorro que precisava ter um descendente. Seguiram-se convites para uma festa de fim de ano em minha casa, para ida às minhas casas em Angra dos Reis e Ubatuba, mas ela não mostrava nenhum interesse em ficar comigo, embora eu sempre mostrasse o desejo de ficar com ela, chegando mesmo a fazer uma declaração pública, para os amigos presentes quando estávamos na casa de Ubatuba, culminado com um pedido de casamento, com o qual ela simplesmente não se abalou, fazendo com que eu passasse a ter até um pouco de irritação em resposta a sua indiferença e conduta hostil. Tentei me aproximar depois, em um encontro a dois em um bar da Av. Faria Lima onde ela compareceu, também de um jeito hostil, com pressa e bem vestida para outro encontro. Mais algumas vezes procurei me aproximar por telefone e com a ajuda de amigos em comum, mas de nada adiantou. Essa relação ficou apenas marcada como uma frustração, da qual nunca me livrei, mesmo passados uns 15 anos do fim dessa tentativa que nunca se concretizou e me entristeceu por muito tempo. Acho que não realizar é muito pior do que se desfazer de uma boa e completa relação, como a separação após uma união. Enfim, são coisas da vida. Nunca a esquecerei e me lembrarei dos poucos momentos em que senti alguma reciprocidade por parte dela.

Devo dizer que, apesar dessas duas mulheres importadas que muito me encantaram e de diversas outras com as quais me relacionei por pouco ou muito tempo, na verdade encontrei uma outra mulher muito diferente de todas, cuja singularidade mexeu bastante com o meu coração.

Caminhando solitário por uma das belas ruas de Cannes, onde costumava ir principalmente na época do seu festival de cinema, quando a cidade fica mais bonita e animada, e passando por uma galeria de arte, sem me deter, olhei uma vitrine e continuei a caminhar por uns dez metros, até que uma das imagens que vi de relance fez com que eu voltasse.

Era uma bonita tela de uma mulher muito atraente, pintada em lindas cores. Na loja havia outras telas da mesma autoria. A marchand veio me atender e foi logo dizendo que, dentro de poucos dias, haveria uma exposição do pintor dessas telas, um conhecido profissional que ficara por alguns anos sem produzir, até que recomeçara a pintar, há pouco tempo, após se divorciar da mulher. O quadro que me chamou a atenção fora escolhido por um júri de muitos especialistas em arte como o melhor e, por isso, figurava com destaque na vitrine.

O nome do quadro retratava bem o estado de espírito do autor. Seu título era *La Femme de Bleu Sans Visage* (A mulher de azul sem face). Ou seja, uma mulher ainda desconhecida do pintor, que parecia estar interiormente à procura de uma face para completá-lo.

Apesar de caro, fechei a compra do quadro na hora. Remetido para o Brasil, chegou antes da minha volta ao país e hoje embeleza a parede de meu quarto na minha casa em Ubatuba. Tenho por essa obra uma grande paixão. De certo modo, ao menos em meus sentimentos e imaginação, ela simboliza "todas as mulheres" do mundo que conheci. Tenho-as presentes em meus pensamentos e lembranças todas as noites antes de mergulhar no sono. Gosto de imaginar que esse quadro foi a minha paixão derradeira.

Não foram só alegrias e prazeres, portanto, que eu experimentei durante essa minha longa temporada solo – embora minhas cantadas tenham sido sinceras e bem-intencionadas. Também tive contratempos e enfrentei algumas, chamemos assim, ciladas. Certa vez, voltando da Europa na primeira classe da Lufthansa, onde, por acaso, eu era o único passageiro, engatei uma conversa quase ininterrupta com a aeromoça, uma linda garota que ficou quase todo o tempo da longa viagem sentada ao meu lado. Combinamos um encontro para o dia seguinte à chegada, no hotel onde estaria hospedada no bairro do Itaim Bibi. Ela era uma universitária que estava fazendo um bico de três meses na companhia aérea e, além da beleza, era muito simpática. Durante a viagem vi uma bela mulher passar por nós e entrar na cabine do piloto. Não prestei mais atenção porque estava muito interessado na aeromoça, chegando a combinar uma estada maior comigo, para irmos juntos às cidades litorâneas onde tenho casa.

Na chegada, no aeroporto de Guarulhos, enquanto aguardava minha mala ser trazida por um funcionário da companhia aérea, percebi que do meu lado estava a mulher que passara por mim durante o voo, em direção à cabine do piloto. Era belíssima e muito elegante, e logo tratei de arriscar uma paquera; primeiro em português e, depois, em inglês. Ela me disse que era esposa do comandante e pouco depois foi embora, pois havia percebido que minha conversa não passava de uma cantada sutil.

No dia seguinte, fui ao encontro da aeromoça no endereço do hotel. Era de manhã cedo, e a convidei para tomarmos um café nas redondezas. Fomos e sentamos na última mesa disponível, quando reparei que estavam do nosso lado a bela mulher que eu havia tentado paquerar na chegada da bagagem e seu marido, o comandante do voo. Ambos começaram a conversar em alemão com a aeromoça que, de repente, se levantou e saiu sem se despedir, me deixando só, com a mulher e seu marido na mesa vizinha. Paguei minha conta e saí, ligando para a garota, que não me atendeu nem ao celular nem no hotel. Afinal, eu havia paquerado ambas num intervalo de minutos. Não me perguntei o que conversaram com a aeromoça. Mas foi o bastante para eu me convencer da sabedoria do ditado que diz: mais vale um pássaro na mão do que dois voando. Eu quis ambas e fiquei sem nenhuma. Na verdade, minhas intenções, embora sinceras, talvez não fossem tão boas como insinuei acima.

Capítulo 15

O cliente saudita

Após conseguir narrar esse capítulo desnorteante de minha vida, retorno à advocacia. Em meados da década de 1970, construí uma grande amizade com um professor de Economia que tinha muitas ligações com empresários e militares. Delfim Netto, então ministro da Fazenda, era amigo dele. Delfim e Roberto Campos, ministro do Planejamento, haviam feito pouco tempo antes uma viagem à Arábia Saudita, e ele, o professor, me informou que um grupo financeiro daquele país pretendia abrir um banco no Brasil para, na sequência, engrenar outros negócios. Como estrangeiros, eles só poderiam comprar até 30% da participação.

Vieram para São Paulo um árabe e um paquistanês. Aqui juntaram-se a um outro árabe, residente no Brasil, que cuidava dos meus clientes carregando no bolso um tijolo de dinheiro nas cédulas mais valiosas da época. Eles se hospedaram no Maksoud Plaza, na época um hotel de prestígio, e acabaram transformando praticamente todo um andar do hotel em escritório e quartel-general para receber possíveis acionistas de um banco do qual já haviam conseguido comprar parte das ações. Pagaram 200 mil dólares de entrada pela aquisição de 30% do tal banco, que estava inoperante e tinha agências apenas no Rio e em São Paulo. Estávamos procurando investidores de origem árabe para comprar o percentual restante dessa instituição financeira. Já havíamos, até mesmo, conseguido uma carta de preferência para investidores brasileiros que iríamos apresentar ao acionista vendedor. Recebemos muitos interessados por essas ações, os quais eu mesmo apresentei aos meus clientes. Outros foram indicados pela embaixada e consulado sauditas. Praticamente todos caíram fora ao se darem conta de que meu cliente árabe queria mandar no banco possuindo apenas 30% das suas ações.

Em meio a essa espera, chegou o Carnaval. Como sempre, meu irmão Tarcísio e sua esposa, Glória Menezes, que estavam em uma das capitais do Nordeste como jurados dos desfiles, me convidaram para ficar na bela casa deles, no alto do Joá, e assistir ao desfile das escolas de samba do Rio, no camarote da Globo.

Meus clientes também quiseram ir. Aluguei um Ford Galaxie e fomos para o Rio de Janeiro – de noite, sob chuva. Chegando, fomos ao restaurante da boate Regine's. Depois disso, já na casa de Tarcísio e Glória, conheceram as empregadas e houve uma boa sintonia entre eles, pois uma delas, que havia trabalhado para um jogador de futebol que defendera um time do Oriente Médio, arranhava um pouco o idioma árabe. Mas o árabe, meu hóspede, era um cameleiro, um notório espertalhão, que enriquecera com a compra e venda de armas. Ele convidou as empregadas de Tarcísio e Glória para se mudarem para uma casa recém-adquirida por ele em Londres, e que tinha pertencido a Farah Diba, a bilionária esposa do xá Reza Pahlevi da Pérsia, atual Irã. Falei com Tarcísio, que ficou possesso. Foi quando o colunista social Giba Um, que estava no júri do Nordeste com Tarcísio e Glória, estampou em sua coluna: "Árabes roubam empregadas da casa de Tarcísio Meira". Foi uma comoção. Parte da comunidade de judeus ficou brava, pois ficou parecendo que a notícia teria sido plantada por eles para atrapalhar os negócios dos árabes (o que fiquei sabendo depois, durante uma conversa com o embaixador da Arábia Saudita).

Foram ao todo umas cinco menções sobre o caso, em que Giba não queria desmentir a primeira notícia, mas apenas amenizá-la. Detalhe: antes de publicá-las, o colunista me passava os textos, e eu os enviava à embaixada da Arábia Saudita para aprovação.

Após receberem, na casa de Tarcísio, inúmeras pessoas da colônia árabe no Brasil, diplomatas e repórteres, finalmente, na terça de Carnaval, os visitantes partiram sem levar nenhuma das empregadas com eles. Voltei nesse mesmo dia a São Paulo no "corujão", o último voo da Ponte Aérea. Estava tão extenuado que só acordei no hangar da companhia aérea, com o comandante me cutucando. Em poucos meses, os árabes venderam suas ações no banco por 2 milhões de dólares, obtendo um lucro de 1000%. Seu comprador foi um conhecido megainvestidor das bolsas brasileiras, que também lucrou muito quando passou esse mesmo negócio para a frente. Recebi 50 mil dólares de honorários, hoje o equivalente ao dobro, considerando a inflação norte-americana nesses mais de 50 anos, no mínimo. Foi essa a minha primeira bolada e meu primeiro cliente de peso. Registro: o incidente com a coluna do Giba Um me deu mais trabalho do que os serviços jurídicos que prestei aos clientes.

Capítulo 16

O primeiro cartel do Brasil

Por volta de 1970, durante uma viagem a Ubatuba, já formado há seis anos, estive com o senhor Filinho, dono da então única farmácia da cidade. Filhinho me mostrou um livro que ele escrevera sobre a história de Ubatuba e seus primórdios, que muito me interessou, pois, ao folheá-lo, me deparei com um requerimento da Câmara Municipal de Ubatuba, que esbravejava contra o fato de fazendeiros locais estarem sendo obrigados a levar os seus bens, produzidos na região, para o Porto de Santos. Depois de comprar o tal livro, verifiquei que, durante a escravidão, as culturas de café e de cana-de-açúcar, antes de subirem a Serra do Mar, concentravam-se no litoral, entre Ubatuba e Angra dos Reis.

As safras primeiramente eram exportadas pelo Rio de Janeiro, mas uma mudança na legislação estabeleceu que elas passassem a ser escoadas pelo Porto de Santos. Houve, então, um pedido da Câmara Municipal de Ubatuba, relatando que os compradores de Santos haviam formado um grupo ilegal, que baixava forçosamente os preços das mercadorias e isso estaria arruinando os produtores locais. Fiquei empolgado. O livro do senhor Filhinho simplesmente registrava o que pode ter sido o primeiro cartel registrado na economia brasileira – e, além disso, um cartel de compra, algo ainda mais incomum.

Reparem que o conceito de cartel só ganharia contornos mais nítidos cerca de dois séculos depois desse episódio. O requerimento foi escrito a bico de pena em uma enorme folha de papel do qual consegui uma cópia no Arquivo do Estado de S. Paulo e que, enquadrada por uma linda moldura, acabei doando ao gabinete do secretário de Defesa Econômica do Ministério da Justiça, Dr. Paulo de Tarso Ramos Ribeiro. Nunca mais vi o quadro, decerto porque os funcionários não deram conta de traduzir o texto, escrito em português quase arcaico. Para que se tenha uma ideia, a palavra "efeitos" designava "mercadorias". Com isso, esse verdadeiro documento da história brasileira provavelmente terminou esquecido num canto qualquer dos depósitos burocráticos do governo. Em nota, seguem as principais passagens desse texto no qual a Câmara Municipal de Ubatuba requeria ao governador da então província de São Paulo que não deixasse seus agricultores à mercê de um cartel de compradores, acusando as consequências dessa prática na vida econômica do município. Seu texto é de uma atualidade incrível.[13]

[13] Vejam a atualidade desse texto de 1798: *Ilmo. e Exmo. Sr. Antônio Manoel de Melo e Castro Mendonça. Até este dito ano de 1789, florescia esta Vila com muito aumento na agricultura de lavouras e na navegação de Mar, havia um grande número de povo vindo de fora a negociar e os lavradores e os mais povos se aplicavam nas lavouras como desesperados; mas era porque o preço dos efeitos os convidava para isso; de forma que em poucos anos se levantaram aqui mais de 20 engenhos de fábrica de aguardente e também alguns de fazer açúcar e pela frequentação tanto nos negócios de mar como os dos de terra, era voz pública que este porto, antes de muitos anos havia de ser um dos de bons negócios, e com efeito assim os mostrava. Fecharam-se os portos à navegação que se fazia para o Rio de Janeiro como dito fica e as embarcações, gente do comércio que se ausentaram pelo gravíssimo prejuízo que experimentaram na Vila de Santos. Logo não houve quem comprasse os efeitos aos lavradores se não por um diminuto preço que mal chegava para os direitos e outros apêndices semelhantes de tal forma que vinham os lavradores a perder o seu trabalho e outras vezes perder os seus efeitos por não acharem quem lhes compre, nem embarcações que lhes conduzam à Vila de Santos. Todo o distrito desta Vila se vê coberto de matos por não terem seus donos com quem os trabalhar, sendo que elas são excelentes e dão tudo quanto se lhes planta. [...] Além disso, amantes da mesma Soberana Senhora querem os lavradores e mais povo sejam auxiliados para o aumento e conservação de suas lavouras; portanto, parece que este dito povo está em circunstâncias de merecer o auxílio e o patrimônio de V. Excia., de cuja ilustre grandeza nós esperamos ser remediados, ficando assim estes habitantes mais animados e capacitados que não hão de ser constrangidos levar seus efeitos à Vila de Santos, onde só tem meia dúzia de comerciantes que para comprar qualquer efeito se mancomunam uns com os outros a fim de comprar os mesmos efeitos por menos valor e por muito menos do que estão correndo no Rio de Janeiro e outras praças e depois repartem os ditos efeitos, fazendo por semelhantes fundamentos o lugar de poveiro e atravessadores e por isso estão comprometidos nas penas do monopólio. Esperamos ser deferidos com a retíssima Justiça com que V. Excia. costuma despachar a todos. Deus guarde a V. Excia. felizmente. Vila de Ubatuba, em Câmara de 16 de junho de 1798.*

Capítulo 17

Primórdios do CADE

Voltando à minha cronologia profissional, em 1968, Kurt Rudolf Mirov, um empresário carioca descendente de alemães, havia lançado o livro *A Ditadura dos Cartéis*, cujo título fazia um trocadilho com *A Ditadura dos Quartéis*. Nele, Mirov denunciava, entre outras, a existência de um truste na indústria brasileira de eletricidade, que seria um esquema pelo qual fornecedores estrangeiros induziam a indústria nacional a adquirir seus produtos nos chamados acordos de participação. A impressão do livro foi proibida e liberada apenas em 1978. Kurt e um tio possuíam uma firma, a Codima, já muito antiga no Rio, que comprava a parte elétrica de motores de alta potência e motores a diesel para ser usada nos chamados grupos geradores. A nova política econômica do ministro Delfim Netto tomou uma série de medidas para facilitar a entrada, no Brasil, de bens de capital importados. Ao mesmo tempo, obrigava a participação de empresas nacionais, por meio dos chamados "acordos de participação", celebrados entre empresas nacionais e estrangeiras.

Nessa época, a Scania participava do fornecimento de motores estacionários e havia poucas peças elétricas nacionais para configurá-los. A maioria era importada. A empresa da família de Kurt, que montava os grupos geradores e neles instalava os motores estacionários da Scania, teve sérios problemas de crédito com a empresa, à época a maior fabricante do setor, que deixou de fornecer para a Codima. Esses grupos geradores destinavam-se a projetos de integração nacional do sistema de transmissão de dados, inclusive a telefonia, um dos grandes projetos arquitetados pelo regime militar.

Kurt entrou com diversas denúncias no CADE, não só contra a Scania, mas também contra as principais empresas multinacionais do setor. Eu era então advogado, entre outras pessoas e empresas, de Manoel da Costa Santos, presidente de várias companhias e da Abinee (Associação Brasileira das Indústrias Eletro e Eletrônicas), que também foi acusada por Kurt. Como Manoel não quis depor, o doutor João Batista Leopoldo Figueiredo, pai de meu amigo Roberto, marcou uma audiência com o ministro Golbery do Couto e Silva, então chefe da Casa Civil do presidente Médici, para discutir a questão. Golbery nos recebeu muito bem, mas, assoberbado de trabalho, se limitou a tratar da exigência do CADE de indiciar e ouvir pessoas físicas, como meu cliente Manoel da Costa Santos, o que não estava previsto na legislação da época, como consegui provar durante a audiência. Essa questão foi solucionada pelo próprio CADE, conforme julgamento noticiado na Gazeta Mercantil de 16 de setembro de 1978. Ao final, porém, Golbery pediu o meu cartão, dizendo que gostaria de ouvir minhas impressões sobre o CADE e suas funções. Foi assim que recebi o convite para uma nova entrevista com o general Golbery.

Nesse segundo encontro, ele me recebeu numa sala ampla, falando ao telefone, que tinha uns dez metros de fio de extensão, o que permitia que ele caminhasse incessantemente pela sala. Conversávamos nas pausas entre uma ligação e outra. Uma conversa que, aos poucos, foi deslanchando. Na conclusão dessa longa audiência entremeada por telefonemas, Golbery me disse que ainda era muito cedo para uma legislação antitruste brasileira, mas salientou a importância do tema e sugeriu que eu seguisse atento ao desenvolvimento do tema no nosso país. A verdade é que a política do governo militar havia adquirido um vetor estatizante e era pouco chegada a problemas de concorrência.

Embora tenham ficado parados no CADE, os processos movidos por Kurt suscitaram uma discussão interessante o bastante para trazer ao Brasil uma equipe de televisão alemã para filmar uma sessão do CADE na qual se acusavam empresas germânicas de formação de cartel.

Um bom tempo depois, houve uma nova queixa contra a Scania e outras duas empresas do setor automotivo, que compravam peças da indústria nacional, que, rejeitadas pelas montadoras em razão de má qualidade ou defeito, acabavam sendo vendidas numa espécie de mercado paralelo que estava entrando em cena. Algumas dessas empresas acusadoras compravam peças rejeitadas e outras que não haviam sido testadas pelas montadoras e conseguiram abrir um processo contra a Scania, a Volks e a Mercedes.

Um dia, nós três, advogados das acusadas, fomos chamados por um advogado que prometia fazer a defesa e encerrar esse processo em questão de dias, em troca de uma quantia vultosa a ser paga por cada uma das três empresas. No final de sua proposta, ele deixou claro que eu e os outros dois advogados (da Volkswagen e da Mercedes) ficaríamos com uma parte daqueles honorários. "O sol nasceu para todos", ele frequentemente repetia. O Brasil não tem jeito...[14]

Obviamente, não aceitamos a proposta que o advogado nos fez com o processo (que não podia sair do CADE) em mãos. Esse foi um dos processos mais antigos do CADE – cuja decisão final absolveu sem problemas as três empresas acusadas. Armou-se, então, uma onda de novos processos contra as multinacionais. Era o Direito Econômico brotando na prática, em um momento de grandes transformações econômicas implantadas pelo governo militar. Eu já estava com meu escritório e havia conquistado um certo nome com os processos no CADE, defendendo várias outras companhias nacionais e multinacionais. Além disso, estava atento à propagação do CADE entre os profissionais de empresas que liam os jornais de São Paulo, os quais publicavam reiterados artigos meus sobre problemas concorrenciais, às vezes atacando o governo por suas ações (ou inações) nesse território. Foi o caso de uma entrevista dada ao jornal O Estado de S. Paulo, em 1979, publicada com o título: "Advogado diz que governo desrespeita lei antitruste", que trazia uma foto minha e ocupava quase uma página inteira do jornal.

---

[14] Há um livro, escrito por um ex-desembargador, Dr. Edgard de Moura Bittencourt, *A Justiça a Serviço do Crime*, que eu li por inteiro durante uma noite insone. Ele traz muitos fatos compatíveis com o seu título e que merece ser lido. Um verdadeiro dossiê, muito bem montado e fundamentado, sobre a situação do Judiciário do Brasil, onde coexistem – corrupção, improdutividade, corporativismo etc. Bittencourt, o autor, foi aposentado compulsoriamente pelo regime militar, embora não fosse esquerdista e ainda menos socialista. Ele teve a coragem de denunciar o sistema jurídico brasileiro, particularmente a sua dimensão criminal. Hoje o prédio do fórum do subdistrito de Santo Amaro leva o seu nome. Eu o conheci e a sua família muito bem e posso atestar sua integridade sem qualquer reserva.

Nela há trechos em que ataco a política econômica do governo pela utilização de verdadeiros cartéis oficiais, através de órgãos como CIP, Sunab e CDI, siglas que traduzo para os leitores mais jovens como, respectivamente, Conselho Interministerial de Preços, Superintendência Nacional de Abastecimento e Comissão de Desenvolvimento Industrial.

Cabe aqui uma explicação sobre como, afinal, funcionava o CIP, órgão por natureza voltado à intervenção econômica. Em uma data estabelecida pelo governo, as principais empresas de um setor, que representavam grande parte da produção de uma determinada mercadoria, eram intimadas a ir ao antigo e majestoso prédio do Ministério da Fazenda, no Rio de Janeiro, justificar os seus futuros aumentos de preços. Esse pequeno grupo geralmente se reunia já no aeroporto e alinhava as suas pretensões e os novos preços a ser apresentados ao CIP. Quando chegavam ao órgão, limitavam-se a fazer exposições dos aumentos de custos que haviam sofrido no período em pauta. Os componentes do CIP, após uma breve discussão, homologavam os valores, que eram fixados como os preços máximos a ser adotados por essas empresas dominadoras do mercado, e que se aplicavam também às empresas menores. Estava assim formado um verdadeiro cartel oficial, que se perpetuava, pelo mesmo mecanismo perverso, ao longo das reuniões seguintes.

Quando o Conselho Interministerial de Preços foi praticamente extinto, tive a oportunidade de ser chamado por algumas empresas para discutir como elas deveriam se portar em relação a sua política de preços. Percebi que esses empresários estavam satisfeitos por poder se livrar dessa espécie de gaiola de ouro na qual, por muito tempo, estiveram presos. Cheguei a me emocionar nessas reuniões, pois finalmente me dei conta de que minha matéria preferida, o antitruste (ou defesa da livre concorrência, como ficaria conhecida mais tarde), iria prevalecer no cenário político-econômico, como eu previra, anos antes, em minha entrevista com o ministro Golbery do Couto e Silva. Também fui chamado para dar uma palestra aos antigos funcionários do CIP sobre o novo regime de preços, agora não administrados, os quais em seguida iriam dar pareceres técnicos em processos contra empresas que transitavam no CADE.

Comecei logo a procurar a boa literatura para me enfronhar no tema. Em uma livraria na Rua Benjamin Constant, no centro de São Paulo, encontrei um livro sobre a matéria escrito por Benjamin Schieber, um advogado norte-americano que viera fazer uma tese de doutorado no Brasil. Era um estudo de Direito Comparado entre as leis brasileiras e estadunidenses referentes ao Direito Econômico. Sua tese, publicada pela *Revista dos Tribunais*, realmente se aprofundou no tema, especialmente na nossa lei 4.137/62, que ainda era bem recente e, na prática, quase não era aplicada. Comprei um exemplar e gostei muito da leitura, particularmente do belo histórico das tentativas de regular a matéria econômica no Brasil desde os tempos da ditadura de Getúlio Vargas. Um livro muito bem feito.

Dois livros pontificavam, então, na escassa literatura sobre o tema. Um era a dissertação de mestrado do professor Modesto Carvalhosa, em Direito Comercial na USP, que foi publicada com uma tiragem minúscula, *A Ordem Econômica na Constituição de 1969*. O outro era um estudo publicado pelo advogado carioca Alberto Venâncio Filho numa revista jurídica. Venâncio Filho também escreveu *A Intervenção do Estado no Domínio Econômico*, um verdadeiro tratado sobre a matéria, que esgotava as numerosas modalidades de intervenção que o governo fez em nossa economia, além de também trazer uma parte dedicada à legislação antitruste. Era então dominante a literatura sobre o tema da concorrência desleal, um tema tangente ao abuso do poder econômico, que era a denominação formal dada ao fenômeno pela nossa primeira legislação antitruste.

Voltei à tal livraria e, numa conversa com o proprietário, fiquei sabendo que ele comprara uma centena de exemplares do livro do Schieber, mas quase tudo encalhara. Foi aí que vi uma grande oportunidade de me tornar um pequeno monopolista na matéria, comprando com um bom desconto todos os oitenta e poucos exemplares que não haviam sido vendidos.

Foi uma boa ideia que tive, sempre procurando oportunidades na carreira, como insisto sempre, pois nunca esperei que elas viessem de graça para mim. Com os anos de prática que se seguiram, em consultas, procedimentos administrativos ou judiciais, fui dando os exemplares de presente para pessoas que realmente poderiam se valer dos ensinamentos contidos nesse livro, que decididamente são muitos. Tanto que hoje só tenho um exemplar, já completamente desfigurado por minhas anotações e por manuseio de tanta gente que o leu. É curioso que Schieber, de volta aos Estados Unidos, não enveredou pela matéria de seu próprio livro, sua tese acadêmica, e se especializou na matéria trabalhista, que nada tem a ver com a antitruste.

Em 1990, Dr. Werter Rotunno Faria, um ex-desembargador que então presidia o CADE, comentou comigo, com certo espanto, sobre o total desconhecimento, por parte das indústrias, do verdadeiro significado da lei 4.137/62 sobre o abuso do poder econômico. Eu lhe contei, então, já ter escrito um pequeno texto para os meus clientes, alertando sobre as práticas que eram consideradas ilegais pela legislação brasileira. O Dr. Werter me pediu para fazer o esboço de um resumo dos pontos que todos os diretores de empresa deveriam saber sobre abuso econômico.

Redigi um pequeno rascunho, com uma dezena de páginas, para lhe entregar. Ele gostou muito do texto e disse que iria verificar com o Ministro da Justiça, seu conterrâneo, o que poderia publicar. Ele não acrescentou nada ao meu texto. Apenas escreveu uma apresentação, me elogiando muito pelo trabalho, que teve 100 mil exemplares impressos e distribuídos aos sindicatos patronais, juntas comerciais e entidades que agregavam comerciantes e industriais de todo o país. Foi também distribuído aos ministérios mais ligados à produção e ao comércio de bens. Soube que houve mais uma edição algum tempo mais tarde. Era um trabalho bem simples, mas acho que foi o primeiro a chegar às partes interessadas, inclusive às faculdades de Direito e Economia.

Hoje existem diversos trabalhos sobre a legislação antitruste, como os elaborados pela Federação das Indústrias do Estado de São Paulo (Fiesp), que enumeram muitas infrações e sugerem às empresas instrumentos de *compliance* para prevenir abusos. São considerações muito bem-feitas e didáticas para leigos.

Não sei se demais órgãos de classe de outros estados também elaboraram esses manuais de *compliance*, mas seria interessante que fossem distribuídos para outras federações industriais e de comércio e – por que não? – também pelo CADE aos interessados que por ali circulam. Afinal, são excelentes trabalhos que, sem dúvida, deveriam estar ao alcance de todas as entidades patronais do país.

Pelo que me consta, fui um dos primeiros advogados a atuar em diversos casos nos primeiros anos após a implantação da lei 4.137/62, que tratava da Repressão ao Abuso do Poder Econômico. Talvez até por seu título, essa lei induzia ao desconhecimento da matéria, que trata basicamente da proteção à livre concorrência. Abuso do poder econômico é tema até nos direitos eleitoral e criminal e também título de numerosas infrações.

Por causa dessa denominação ou por outros motivos, como divulgação ambígua e equivocada, essa nova legislação gerou desconhecimento, permitindo que chegassem ao CADE casos que não tinham nenhuma relação com a aplicabilidade da lei. Desembocaram no órgão pedidos insólitos, como a queixa contra um vigário de uma cidade do interior de São Paulo, que permitia que uma única pessoa fizesse o comércio de diversos itens próprios de eventos paroquiais como o casamento – venda de flores, decoração ou serviços de música, entre outros.

Também me recordo de um caso, em que atuei como advogado da Pirelli, cujo pedido foi aceito como processo administrativo, embora tenha sido transposto o processo inicial, de averiguações preliminares, previsto na Lei 4.137/62. Nele, um mecânico especializado no reparo de bicicletas queria comprar câmaras e pneus de bicicleta diretamente da fábrica. Participei de uma grande diligência no local e verifiquei que o queixoso, na verdade, tinha apenas uma oficina de reparos, instalada numa garagem minúscula, e era legítimo que uma grande indústria não o atendesse diretamente, pois tinha os seus canais de distribuição para atendimento a pequenas empresas que fazem pedidos com valores ínfimos. O fato é que o conselheiro-relator do caso, sua secretária, o procurador desse mesmo órgão e o advogado da acusada, no caso eu, tivemos de nos locomover por avião, táxi e ônibus para encontrar o queixoso, que se sentiu realmente envergonhado por ter causado tamanho rebuliço jurídico em função de uma câmara para pneu de bicicleta.

O desconhecimento da lei por clientes e advogados, ou mesmo o oportunismo diante de uma matéria recém-regulamentada, permitiram que chegasse ao CADE um cartel de fornecedores de pedras de brita destinadas à construção civil. Esse evidente cartel foi constituído por um contrato assinado por todas as empresas do ramo de uma cidade média e levado ao registro civil. Esse grupo revelou um desconhecimento total da nova lei, pois as empresas que o integravam chegaram até a estipular em contrato que nenhuma delas poderia infringir o preço acertado pelo grupo, sob pena de ter que pagar severas multas para os outros fornecedores.

Mesmo com a nova legislação já em vigor, alguns setores, por inércia ou malícia, permaneceram atados a velhas práticas anticoncorrenciais. Foi o caso de empresas jornalísticas, que, a cada novo reajuste de preços de suas publicações, estampavam nos próprios veículos a decisão das empresas do setor de estipular um novo preço para os jornais a partir de determinada data. Ou seja, elas assumiam publicamente a formação de um cartel, algo impossível de não ser notado pelos conselheiros e funcionários do CADE, que, naquela época e por muitos anos ainda, ao que me consta, nunca tomaram ou esboçaram qualquer providência de contenção. Vejam que não se trata de um setor de empresas mais simples, como as padarias, que informalmente faziam tabelas únicas para os seus produtos.

Outro exemplo emblemático desse desconhecimento da lei foi tornado público pelo *Jornal Nacional,* da Globo, programa com a maior audiência do país, num episódio que jamais poderia deixar de ser visto pelas autoridades da agência antitruste brasileira. Esse caso teve início quando o presidente da maior empresa fabricante de cimento do pais foi televisionado saindo de uma reunião dos agentes econômicos do setor e declarando que estava revoltado porque uma empresa fabricante de cimento de Minas Gerais, pertencente a um poderoso grupo português, havia invadido o território paulista com preços aviltantes, e que seus responsáveis não estavam agindo com a devida ética.

Encerrada a reportagem, o programa da rede Globo trazia uma interessante demonstração dos efeitos desses novos preços – que representavam metade dos praticados pelas empresas que forneciam no território paulista – nos custos das habitações, que certamente se beneficiariam desse novo valor do preço do cimento.

Essa matéria do *Jornal Nacional* durou uns dez minutos, o que para um programa de TV é uma enormidade, e revelou, de modo evidente, que existia um acordo para a divisão territorial do comércio do cimento e que tal divisão fora quebrada pela "falta de ética" de um fabricante que, ainda por cima, praticava preços muito abaixo do cartel paulista.

Por solicitação da *Gazeta Mercantil*, escrevi, dias depois, um artigo em que critiquei o presidente da República, que havia se queixado, nesse mesmo dia ou alguns dias antes, dos aumentos crescentes dos preços, mas não tomava providências em relação aos órgãos aos quais cabia a fiscalização dos agentes econômicos responsáveis por eles. Acho que esse artigo e um segundo, mais direto, funcionaram como uma indireta ao então presidente do maior grupo econômico do Brasil à época – que tinha no cimento um de seus produtos mais rentáveis.

Após a posse do economista Gesner de Oliveira e de outros presidentes que o sucederam no CADE, jamais ocorreram pronunciamentos ou comunicados como os expostos acima. Considero que a criação do IBRAC, instituto concebido por mim de que tratarei nas próximas páginas, sem dúvida, foi um grande aliado de nossa agência protetora à livre concorrência.

Capítulo 18

Duas sementes: IBDT e IBRAC

Entre os anos 1965 e 1970, tínhamos uma mesa na Faculdade de Direito do Largo São Francisco (USP), na qual reuníamos seis ou mais advogados interessados em Direito Tributário. Esse círculo acabou se transformando no Instituto Brasileiro de Direito Tributário (IBDT), fundado em outubro de 1974 e existente até hoje. O processo foi liderado pelo professor Ruy Barbosa Nogueira, um dos mais importantes tributaristas brasileiros, e essa iniciativa veio se somar aos avanços obtidos pelo Direito Concorrencial. Esse fenômeno foi muito impulsionado pela guerra fiscal então deflagrada entre os estados brasileiros. Eu era bom nessa matéria. Meu ex-sogro, Líbero Ancona Lopez, foi por anos secretário municipal das finanças e me incentivava a praticar o Direito Fiscal.

Eis outra prova de que um de meus ases na manga foi sempre conseguir estar no lugar certo na hora certa – e o momento para a discussão sobre os cartéis na legislação brasileira estava chegando. Durante o governo Collor, que pôs fim às restrições às importações, muitas outras medidas de caráter neoliberal foram tomadas. Uma das frentes mais visíveis foi o combate à regulação de preços, em nome de uma maior liberdade para os agentes econômicos.

Os já envelhecidos Conselho Interministerial de Preços (CIP) e a Superintendência Nacional de Abastecimento (Sunab), órgãos controladores, estavam com seus dias contados. Seriam substituídos pelo CADE, Conselho Administrativo de Defesa Econômica, um órgão dedicado à regulação administrativa da concorrência. Essa nova conjuntura pedia uma articulação das empresas. Tive, então, durante os noventa minutos de duração de um voo de Brasília para São Paulo, a ideia de criar um instituto que efetivamente avançasse no território para estudos e sugestões sobre o Direito Concorrencial. Durante esse tempo, coloquei no papel os principais itens que deveriam ser desenvolvidos para um novo instituto, como nossos objetivos, associados, direção e, obviamente, despesas para a implantação do órgão. Posso dizer com orgulho que, em pouco mais de uma hora, toda a estrutura e filosofia de trabalho do IBRAC estava desenhada. Num táxi em São Paulo, ainda acrescentei ao projeto o nome de dois vice-presidentes que poderiam ajudar muito na criação do instituto. Eram eles os doutores José Del Chiaro e José Ignácio Franceschini. Dias depois, ambos aceitaram aderir aos trabalhos de formação e os cargos que provavelmente lhes caberiam nessa empreitada. Tudo a partir de uma única folha de papel dobrada, que serviu de guia das providências a ser tomadas nas semanas seguintes.

Ao final de um mês de trabalho, organizamos uma reunião a que compareceram mais de cinquenta pessoas escolhidas a dedo, que representavam diversas categorias jurídicas, econômicas e empresariais, entre outras. Todas compartilhavam uma convicção: acreditavam que as leis antitruste ou de proteção à livre concorrência serviriam como um excelente instrumento para o desenvolvimento econômico do Brasil, a exemplo do que acontecera nos Estados Unidos desde o início do século 20. Além disso, também concordavam conosco que era imprescindível haver um organismo privado para auxiliar o CADE nesse incentivo à concorrência.

Muitas personalidades e empresas de peso aceitaram o nosso convite, o que me deixou extremamente feliz. Entre eles, os advogados Alberto Venâncio Filho, Fábio Monteiro de Barros, Waldirio Bugarelli, professor de Direito Comercial da USP, e outros nomes de grande representatividade, como Mauro Salles, então sócio principal da Salles Interamericana, uma das maiores agências de propaganda do Brasil, Manoel da Costa Santos, presidente da Abinee, a Associação Brasileira da Indústria Elétrica e Eletrônica, e Jaci Mendonça, diretor da Volkswagen que, mais adiante, seria presidente da Anfavea. Entre as empresas, estiveram presentes representantes da Agga, Arno, Bombril, Ficap e Shell do Brasil, todas sociedades anônimas. Veja-se, a esse propósito, a ata da assembleia de fundação do IBRAC.

Em suma: o convite foi bem acolhido por praticamente todos aqueles que o receberam.

A ideia do IBRAC (Instituto Brasileiro de Estudos sobre Concorrência, Consumo e Comércio Internacional) inspirou a criação de outras associações com propósitos e objetos de estudo correlatos: núcleos de estudos da concorrência em entidades como FIESP e OAB, e nas principais faculdades de Direito, como as paulistanas USP, PUC e Mackenzie. O IBRAC foi vital não só para conferir mais visibilidade às matérias concorrencial e antitruste no Brasil, como também para o aperfeiçoamento de nossas instituições nessas áreas, equiparando a nossa legislação e seu cumprimento às melhores instituições e políticas públicas do mundo, como as americanas e europeias.

Em suas mais de três décadas de existência até hoje, o IBRAC foi diretamente responsável pelo aumento exponencial de especialistas nessas duas matérias. Presidi o Instituto por sete anos. Deixei-o por ocasião do convite para conduzir juridicamente a fusão Brahma-Antarctica no CADE, que daria origem à Ambev, pois quis manter-me *low profile* durante essa contenda.

Desde a sua formação, o IBRAC conseguiu aglutinar praticamente advogados dos melhores escritórios do Brasil, além de economistas nacionais de prestígio, que passaram a exercer um papel importante nos processos que transitavam pelo CADE. Eles preparavam pareceres que eram fundamentais para o sucesso dos casos em andamento. Nesse ponto, o IBRAC se diferenciou de associações semelhantes de outras partes do mundo, em que, na maioria dos casos, a discussão do tema antitruste era centralizada em instituições mais corporativas e acadêmicas, geralmente as associações de advogados e faculdades de Direito.

Mais que encontros de estudos, o IBRAC, já em seus primeiros anos de existência, proporcionou viagens a diversos órgãos antitruste no exterior, que serviram para que muitos associados conhecessem também o funcionamento de outras entidades internacionais relevantes, como os departamentos da ONU especializados no trabalho (Organização Internacional do Trabalho, OIT), com sede na Suíça, e na alimentação (Organização das Nações Unidas para a Alimentação e Agricultura, FAO), sediada em Roma. Outra atividade que se tornou destacada e frequente no IBRAC foram os seminários internacionais com a presença de integrantes de órgãos antitruste ligados à União Europeia e ao governo federal americano (FTC). Também convidamos representantes de órgãos reguladores da concorrência de vários países, como Alemanha, Japão, Espanha, entre outros, além de professores da matéria.

Paralelamente, o IBRAC promoveu seminários e reuniões nacionais sobre concorrência e relações com os consumidores, que atraíam um número crescente de inscritos a cada ano. Organizamos até mesmo alguns cursos didáticos sobre a matéria concorrencial, uma vez que as universidades demoravam muito a incorporar o tema aos seus currículos.

Há três décadas, o IBRAC vem ajudando a formar bons profissionais no segmento antitruste. Fico feliz ao me dar conta de que, com o tempo, os profissionais pioneiros, mais velhos, foram sendo sucedidos por interessados mais jovens, conferindo ao IBRAC um redobrado vigor e alcance. O IBRAC, portanto, já deixou sua marca e ensinamentos a pelo menos duas gerações de advogados e economistas, e propagou suas ideias para todos os estados brasileiros, incluindo o Distrito Federal, onde estão sediados os principais órgãos reguladores das matérias abraçadas pelo instituto. Na condição de órgão relevante da sociedade civil (ou paraestatal), o IBRAC impulsionou o próprio CADE que, nos últimos anos, tem ficado à frente de outros órgãos internacionais mais longevos, segundo o ranking elaborado anualmente pela revista de uma conceituada entidade internacional: a britânica *Global Competition Review* (GCR).

Gostaria de encerrar este breve apanhado sobre o IBRAC com uma justa homenagem ao executivo José Carlos Busto. Ex-quadro graduado da Secretaria de Direito Econômico do Ministério da Justiça, onde era encarregado da análise das fusões de empresas e restrições à concorrência, Busto é diretor-executivo do IBRAC desde a sua criação. Estou convencido de que nosso instituto deve muitíssimo a ele.

O certo é que, por esses anos, a discussão antitruste estava começando a ganhar musculatura, até por aparecerem na TV casos de evidente violação da lei. Nessa época, a Arno, minha cliente mais assídua, fabricava umas máquinas de lavar roupa mais simples, um modelo popular, e me procurou para que eu verificasse o que poderia ser feito para modificar uma injusta tributação do IPI (Imposto sobre Produtos Industrializados), que era cobrado na mesma alíquota aplicada às máquinas mais sofisticadas, com compradores muito mais ricos que os usuários desse seu produto, que era vendido até mesmo nos lares mais simples, em favelas e cortiços. Estudei bem o caso e redigi um requerimento para solicitar a correção dessa injustiça tributária.

Numa conversa com o subsecretário de tributação do Ministério da Fazenda, a quem fui apresentar nosso requerimento para pedir a redução do imposto, fui muito bem recebido pelo economista que me atendeu, o já citado Dr. Gesner de Oliveira. Eu, como sempre ligado à dimensão concorrencial, disse ao secretário que considerávamos seriamente a possibilidade de levar a pretensão ao CADE, alegando uma concorrência desleal que estávamos sofrendo em razão da paridade das alíquotas com as máquinas sofisticadas. Achei que era uma oportunidade para falar no antitruste. Em meio à conversa sobre a matéria concorrencial, disse-lhe que o CADE estava trabalhando bastante e que eu havia fundado o IBRAC, um instituto com o apoio de todas as classes para termos uma sociedade econômica mais atenta à livre concorrência.

Fazíamos, então, no IBRAC, uma revista mensal para tratar do tema, com uma parte doutrinária e uma outra, mais prática, publicando todas as decisões do CADE. Gesner mostrou-se muito interessado no IBRAC como um potencial órgão auxiliar do CADE e me perguntou como conseguiria receber essa revista. Respondi que eu vinha a Brasília com bastante frequência e lhe traria as edições já publicadas e outras informações, como a ata da assembleia de fundação do IBRAC. De sua parte, afirmou que iria verificar como seria possível me ajudar na questão da alíquota do IPI sobre o produto da Arno, que teria uma aceitação muito maior pelas classes populares se seu preço fosse reduzido por meio de uma tributação menor. Isso, obviamente, significaria um aumento inevitável das vendas e mais impostos, mesmo com a alíquota reduzida. Desse modo, com o maior volume de vendas, o governo acabaria recuperando, através dos impostos, as perdas resultantes da adoção da tarifa menor.

Na semana seguinte, estive com ele mais uma vez e lhe dei as revistas do IBRAC, comentando bastante sobre a legislação de abuso de poder econômico, como era conhecida a lei, tendo ele se interessado genuinamente pelo tema e estendido muito a conversa.

Para não ficar parecendo que deixei, no IBRAC e também neste livro, as relações de consumo em segundo plano comparadas às relações de concorrência, gostaria de dizer que nas relações de consumo tivemos uma legislação mais abrangente e completa, sem discussões pela especificidade de condutas, e os profissionais que ali ficaram desde a criação do direito positivo de direitos do consumidor eram juristas de primeira linha, como José Geraldo Brito Filomeno, Edis Milaré e outros. Já nas relações de concorrência, tudo era mais complexo e discutível, até mesmo pelo balizamento de diretrizes decorrentes dos fatos econômicos envolvidos, com agentes econômicos inclusive discutindo entre si ou, ao contrário, se agregando em cartéis para maximizar seus lucros.

Mas, voltando às relações de consumo, ainda vale destacar uma, visão dessas relações dentro das empresas, não só com a criação de *ombudsman*, mas com um enfoque no sentido de trazer e explicitar ao consumidor os produtos que lhes são fornecidos, tendo até sido formada uma Associação Nacional de Profissionais de Serviços a Consumidores em Empresas, composta por empresas do porte da Nestlé, Sharp, Rhodia e outras. Essa Associação foi criada por Maria Lucia Zülzke, uma engenheira de alimentos que conheci como advogado da Rhodia e Tetra Pak, a qual entre outros atributos escreveu um livro "Abrindo a Empresa para o Consumidor – A importância de um Canal de Atendimento" – obra que merece ser lida, inclusive sob o ponto de vista histórico mundial, desde as relações de consumo no Código do Rei Hamurabi da Babilônia, que se encontra no Museu do Louvre em Paris, "no qual estão esculpidas sentenças regulamentando... , preços, quantidade e qualidade dos produtos,...".

Ainda na área de relações de consumo, não posso também deixar de mencionar, com imenso orgulho de pai, o livro *Publicidade e Direito,* de Lúcia Ancona Lopez de Magalhães Dias, resultante da tese de doutorado na Faculdade de Direito da Universidade de São Paulo.

Capítulo 19

O CADE decola

Passadas algumas semanas, uma grande surpresa. Dr. Gesner me ligou, dizendo que, ao pedir demissão de seu cargo, o Ministro da Fazenda, seu superior, o convidou para presidir o CADE, já que o mandato do então ocupante havia se encerrado. Ele me agradeceu efusivamente por ter tomado conhecimento da matéria por meu intermédio, dizendo ainda que não tomaria posse de imediato. Queria, antes, se enfronhar no tema e ampliar seus conhecimentos, realizando reuniões com advogados e demais membros do IBRAC e de outros órgãos.

De fato, Dr. Gesner de Oliveira realizou diversas reuniões, que até ajudei a organizar, dando-lhe nomes e contatos de pessoas, o que, para ele, foi de grande utilidade. Gesner já tinha uma ótima reputação, com pós-graduação na Universidade de Berkeley, na Califórnia, e tinha ainda um irmão que era advogado de empresas muito conceituado e que também o ajudou na realização dessas reuniões em São Paulo.

Gesner tomou posse na presidência do CADE em 1996, e foi durante quatro anos (dois mandatos) o melhor presidente que o órgão já teve, fazendo inúmeras modificações para acelerar e melhorar os julgamentos no Conselho. Vale notar que Gesner não era advogado, mas sim economista, fato salientado em seu perfil publicado à época pela revista *Isto É*. Além disso, ele organizou diversas conferências e palestras sobre a matéria, regulamentando com equilíbrio os procedimentos e, para minha satisfação, participando de todos os seminários realizados pelo IBRAC e se cercando de interlocutores de primeira linha, entre os quais Gabriel, que viria a ser meu genro e sócio, que estudava na USP. Parêntese para um motivo de orgulho:

Gesner sempre me alegrava nos seminários e palestras em que eu estava presente, dizendo a todos que eu havia sido muito importante para despertar seu interesse pela matéria antitruste e até mesmo para que ele aceitasse o cargo de presidente do CADE. Guardo essas suas palavras como uma medalha de reconhecimento.

O importante é que Gesner incorporou pela primeira vez aquilo que já estava previsto na Lei 4.137/62, que era a *advocacia da concorrência*. Após sua posse e durante a gestão de outros presidentes que o sucederam no CADE, nunca mais ocorreram comunicados ou pronunciamentos como os expostos anteriormente, de preços estipulados por classes empresariais ou de divisão geográfica de mercados. Como reflexo dessa atualização, o CADE passou a ser avaliado pela mídia especializada como uma das melhores agências reguladoras da concorrência de todo o mundo.

A matéria exige mesmo constante atualização e análise de perspectivas. Certa vez, José Carlos Busto, Diretor Executivo do IBRAC e criador da Editora Singular (responsável pela edição desta minha autobiografia), me procurou em uma reunião do IBRAC para me contar que havia sido lançado, nos Estados Unidos, um livro que se tornara literatura obrigatória para todos os membros da *Federal Trade Comission* (FTC), o órgão antitruste dos Estados Unidos. Detalhe: o autor desse livro era um ex-funcionário do FTC e a tese apresentada por ele no livro é até contrária à aplicação da lei antitruste, talvez para expor uma relatividade da aplicação da legislação norte-americana.

Busto me disse que estava com vontade de lançar o livro no Brasil, e pediu minha opinião se eu compraria algum exemplar. Fiquei muito interessado, pois sempre acho que o especialista em qualquer matéria que não se integre em um contexto maior de sua especialidade traz o grave defeito de errar no julgamento de um caso por não atender a outras questões de Direito. Respondi a Busto que conseguisse um exemplar para eu entender melhor o pensamento do autor, uma vez que, nos Estados Unidos, os julgamentos muitas vezes não aplicam a lei cegamente, mas sim a examinam inserida em um cenário mais complexo. Um bom exemplo foi o julgamento da aquisição da Mobil pela concorrente Esso, duas gigantes mundiais do segmento petrolífero, por 82,8 bilhões de dólares, uma cifra astronômica para a época (1998). O FTC aprovou essa transação sob o argumento de que empresas árabes e orientais estavam ficando mais fortes com compras de concorrentes ou fusão entre elas.

Recebido o livro, tive a oportunidade de examiná-lo bem e, embora tenha considerado o autor muito revoltado contra a FTC, radical demais, vislumbrei que ele seria muito útil também para os nossos especialistas, muitas vezes também muito estritos na aplicação da lei, atendo-se a uma interpretação restrita da legislação antitruste.

Concordei, então, que seria realmente interessante a publicação do livro no Brasil pois, diferentemente dos Estados Unidos, aqui não temos uma linha de pensamento econômico como a da chamada Escola de Chicago, muito mais liberal na aplicação da legislação antitruste, muitas vezes se chocando com as decisões do FTC e até dos órgãos judiciários.

O livro foi publicado com o título *Religião Antitruste.* Acabei valendo-me bastante de seu lançamento, às vezes para dá-lo de presente para julgadores de alguns casos ou até mesmo para rebater editorialistas, como os do jornal O Estado de S. Paulo, que insistiam em afirmar que um juiz singular não tem capacidade de julgamento para revogar uma decisão administrativa feita por um corpo de técnicos especializados. Eis uma ideia que, no meu entender, não tem o menor cabimento, pois faria o judiciário perder toda a sua competência em assuntos empresariais. Sou igualmente contra a ideia de se criarem varas judiciais especializadas nesta matéria. Isso equivaleria a criar futuros especialistas (ou melhor, "especialistíssimos") em aplicar restritivamente a legislação da concorrência, o que fariam por muitos anos, provavelmente até a sua aposentadoria, esquecendo-se de um universo maior das muitas legislações que compõem o nosso Direito Positivo.

Experimentei, ao longo de quase seis décadas de carreira, toda sorte de sensações relacionadas às contendas judiciais ou administrativas. Alegrias inúmeras e variadas, êxitos, decepções (felizmente bem poucas), e revezes (esses igualmente raros). Foi uma estrada trilhada com muita paciência, estudo, reflexão e perseverança. Olhando-a hoje, retrospectivamente, posso dizer que foi uma carreira riquíssima. Não apenas no que diz respeito às recompensas financeiras, que me deram grande tranquilidade econômica, mas, principalmente, ao enorme desenvolvimento profissional que obtive ao longo desses anos. Confesso que tenho apego por cada um dos casos em que me envolvi. Um bom advogado não tem casos menores. Basta ter as procurações e um norte que o habilitam a agir em nome de um cliente. Como, no entanto, não posso relatar todos, apresento, a partir do capítulo seguinte, pouco mais de uma dezena deles. São aqueles que considero, digamos, os casos mais emblemáticos de toda a minha trajetória, seja pela relevância do tema ou das partes envolvidas, pelas dimensões ou natureza dos negócios analisados na contenda, ou mesmo pela profunda impressão que alguns desses processos deixaram em minha memória.

Capítulo 20

O inventário do Conde

Antes que eu deixasse o Eduardo Prado, mas já trabalhando no escritório apenas por meio período, como ele me pedira, participei daquela que, certamente, foi uma de minhas causas mais instigantes e complexas: o testamento e inventário do Conde Francisco Matarazzo Jr., sucessor do conde original, criador do grupo Indústrias Reunidas Fábricas Matarazzo (IRFM).

O grupo Matarazzo, maior conglomerado familiar do Brasil à época, era muito ligado ao governo por causa de suas mais de oitenta empresas. Quando peguei o inventário, elas viviam uma espécie de intervenção branca, em razão de sua grave situação financeira, que foi conduzida primeiro pelo ministério do Planejamento sob Roberto Campos (1964-1967) e, depois, pelo da Fazenda, comandado por Delfim Netto (1967-1974).

O caso propriamente dito teve início com uma assembleia, conduzida pelo Dr. Eduardo Prado, para eliminar os cargos de vice-presidentes até ali ocupados pelos irmãos Eduardo e Ermelino, filhos do conde, a fim de afastá-los da gestão do grupo. As relações entre o conde e seus filhos estavam muito estremecidas. O conde havia sofrido um infarto e já não saía de casa como antes. Ao final dessa assembleia, porém, ele chamou Eduardo Prado para uma conversa urgente e lhe disse que havia feito um testamento com o Washington de Barros Monteiro, notório especialista em Direito Civil, mas que agora não estava muito seguro, pois havia decidido retirar seus filhos homens das empresas da família. O conde queria fortalecer Maria Pia, sua filha caçula, pois, segundo ele, seus outros filhos, Eduardo e Ermelino, não inspiravam confiança para assumir os negócios. De acordo com o conde, Ermelino era um *bon-vivant* e Eduardo tinha mania de grandeza, com pretensão até mesmo de montar uma indústria automobilística. "Eles estão fora da realidade", disse o pai.[15]

Eu estava de saída do Eduardo Prado, onde trabalhava apenas meio período (até o meio-dia) e já havia aberto o meu escritório, que começava a decolar, quando Edu me falou desse testamento.

Acertamos que eu trataria do caso no meio período que eu estava cumprindo no escritório até que a questão fosse finalmente encerrada. Nem Eduardo nem eu imaginávamos que essa questão ainda se desdobraria por algumas décadas.

Antes da conversa seguinte com o conde, pedi a um estagiário que fizesse uma pesquisa entre os acórdãos que versassem sobre testamentos. Ele encontrou um. Mas não um qualquer. O estagiário desenterrou nada menos que o testamento do primeiro conde, o pai. Mais importante ainda, nele havia ressalvas para os herdeiros. A principal delas era a de que "os que brigarem pela herança ficarão fora dela, tendo direito apenas à metade obrigatória". O conde ficou entusiasmado, e eu, assim, elaborei uma minuta completa com essa disposição de ninguém poder contestar o testamento, sob pena de perder a metade da herança que lhe seria atribuído no testamento, o que reforçava o direito da filha Maria Pia. Não foi fácil. As minutas iam e voltavam, dando a impressão de que outras pessoas, leigas, davam palpites no testamento sem o necessário conhecimento jurídico. O vaivém se prolongou por um par de meses, até que fiz a minuta definitiva lavrada em cartório.

No dia seguinte à lavratura, os irmãos já sabiam do testamento – provavelmente por causa de alguma indiscrição de advogados ou funcionários do grupo. Dois ou três meses depois, a saúde do conde piorou e, no dia 27 de março de 1977, ele faleceu.

Maria Pia ligou para o Dr. Eduardo, contando que os seus irmãos lhe haviam dito que, caso o testamento fosse cumprido, a briga

[15] Detalhe: além de caçula, Maria Pia era temporã. Entre os filhos havia ainda Filomena, apelido Filly, cujo casamento, na mansão da avenida Paulista, foi um marco na vida social paulistana. Sua união com João de Souza Lage, em 1945, foi chamada pela imprensa de "o casamento das 1001 noites da avenida Paulista". As cerimônias e festas duraram três dias e três noites. Além de Filomena, ainda havia Francisco (neto do conde original), que não era muito chegado ao trabalho.

começaria naquela mesma hora, com o corpo do pai ainda presente. Fomos à casa do conde e sugeri a ela apresentarmos a abertura do inventário e o registro do testamento naquele mesmo dia, para garantir que ela fosse a inventariante e assumisse a presidência do grupo.

Acabado o enterro do conde, Maria Pia passou no escritório para assinar a procuração e, assim, dei entrada no processo sucessório, pedindo que ela fosse nomeada inventariante, como solicitado no testamento. Procurei o juiz da vara para a qual o processo seria distribuído e lhe disse que mais de oitenta empresas ficariam acéfalas se ela não fosse prontamente nomeada inventariante. Após ter lido detidamente o testamento, enquanto eu esperava sentado no corredor, o juiz aceitou minha argumentação, e Maria Pia assumiu como inventariante na sucessão do pai. O juiz que deu esse despacho, e que por muitos anos presidiu o inventário do conde, Dr. Cezar Peluso, veio mais tarde a ser ministro do Supremo Tribunal Federal, cargo mais importante da magistratura, ao qual pouquíssimos juízes têm acesso, visto que são apenas onze os integrantes da corte, boa parte deles oriunda da advocacia ou do Ministério Público – e ainda por cima, em geral com apenas um para cada estado.

Os demais filhos alegaram, entre outros fundamentos, que o Código Civil antigo dava preferência aos herdeiros homens e que Maria Pia era imatura para ser inventariante e gestora do grupo. Usei muito a imprensa para acentuar esse viés de machismo contido nas alegações dos irmãos – e minha estratégia funcionou.

O caso teve grande e imediata repercussão, pois havia a crença (ou tradição, não sustentada juridicamente) de que o inventário não deveria ser aberto antes da missa de 7º dia – e eu dei entrada nele no próprio dia do óbito. Essa foi uma das decisões mais acertadas de minha vida profissional, graças à qual consegui que Maria Pia fosse nomeada inventariante e gestora das indústrias por mais de trinta anos, arcando, porém, com o ônus das grandes dificuldades financeiras enfrentadas pelo grupo, cujo edifício-sede teve de ser vendido para fazer face ao endividamento crescente. O emblemático prédio, no viaduto do Chá, trocou de mãos algumas vezes até se tornar o que é hoje – sede da Prefeitura Municipal de São Paulo. Além disso, os imóveis das empresas que compunham o grupo IRFM já possuíam hipotecas de 1º e 2º graus, um cenário que acabou desembocando em duas concordatas, remédio legal hoje substituído pelas recuperações judiciais. Em suma, Maria Pia enfrentou sozinha a responsabilidade de comandar um grupo com dezenas de milhares de colaboradores, endividado até o pescoço e, pior de tudo, com pouquíssimas chances de reversão desse quadro. Mesmo assim, ela foi muito dedicada a essa tarefa inglória.

Algumas semanas depois, tive de defender o Espólio numa ação judicial em que os mesmos dois irmãos queriam anular uma decisão das holdings familiares, alegando que o segundo conde havia doado 20% das ações das diversas holdings controladoras do grupo para os seus filhos Ermelino e Eduardo, e que essas ações desapareceram, sendo substituídas por outras de uma só empresa. Tive um bom tempo para contestar a ação, pois pude jogá-la para depois das férias forenses. Meu fundamento foi o de que o conde havia reservado para si o usufruto dessas ações e que se tratava do chamado usufruto impróprio, o que, segundo a lei, permitia que o usufrutuário fizesse o que bem entendesse com as ações, desde que as devolvesse na mesma modalidade e valor. Trata-se de um usufruto que recai sobre um bem substituível (fungível, consumível) e, por esta razão, o usufrutuário poderia dispor esses bens, obrigando-se apenas a restituí-los na mesma quantidade, espécie e qualidade quando cessasse o usufruto – que, nesse caso, se encerrou com a morte do usufrutuário. A tese aplicava-se às ações do grupo de que o conde era oficialmente usufrutuário. Ele poderia, afinal, sem grandes problemas, vendê-las e restituí-las no tempo e valores devidos.

Sob esse argumento, e com o fundamento de que as ações haviam sido reunidas numa única holding a fim de desburocratizar o grupo, e que elas preservavam o mesmo valor que as holdings antecedentes, contestei a ação.

Foi durante a noite, já na cama, que comecei a matutar sobre como o conde pôde fazer essa transformação, inclusive registrando as assembleias que a concretizou na Junta Comercial, sem qualquer oposição. Foi nesse momento que me ocorreu a ideia do usufruto impróprio, que eu já havia estudado de leve em minhas aulas de Direito Civil e que também imprimira nas apostilas da matéria. No dia seguinte, coloquei sobre a mesa todos os livros de Direito Civil de minha biblioteca. Neles encontrei dezenas de autores falando do usufruto impróprio, além de uma pequena jurisprudência sobre os direitos desses usufrutuários. Aproveitei tudo na construção de minha tese e, depois, a reforcei com pareceres encomendados aos melhores juristas do país. Os advogados dos dois irmãos fizeram o mesmo, deflagrando uma luta de pareceres que até retardou a sentença.

Um advogado da Matarazzo, Dr. Faria, que era muito querido nos balcões de atendimento das varas cíveis, esteve numa sexta-feira no cartório em que corria esta ação, e foi informado de que o processo se encontrava concluso (com o juiz). Para surpresa quase geral, nesse mesmo dia, o juiz proferiu sua sentença, que ganhou a manchete de primeira página no Estadão. Era um sábado e eu tinha ido cortar o cabelo. Quando voltei para casa, encontrei colada na porta a primeira página do Estadão, que destacava a sentença favorável ao Espólio e a Maria Pia. Fiquei exultante, pois uma decisão contrária poderia tirar a validade do testamento em que o conde havia deixado para Maria Pia as ações da nova holding que substituiu as anteriores. Vencemos na primeira instância, mas os irmãos apelaram. No Tribunal de Justiça de São Paulo, o caso caiu com o Desembargador Lafayette Salles. Respeitadíssimo jurista, ele fundamentou sua decisão apenas em doutrinas estrangeiras, uma vez que eu havia fundamentado meus argumentos na doutrina nacional. No fim das contas, sua decisão complementou e fortaleceu ainda mais a minha visão dos fatos. Lafayette redigiu um acórdão maravilhoso.

O advogado dos dois irmãos era o Dr. Teotônio Negrão, muitíssimo conceituado, que também iria fazer a sustentação oral. Teotônio era um jurista de idade igual ou superior à dos desembargadores que iriam julgar o caso, autor de muitos artigos e de livros, como os seus *Código Civil* e *Código de Processo Civil* comentados, que todos os estudantes de Direito de minha geração estudaram em suas aulas. Acima de tudo, porém, Teotônio era uma pessoa simpática, figura sempre festejada entre os advogados, como se depreende claramente de uma recente edição da *Revista do Advogado* que lhe foi dedicada.

Cuidei, simultaneamente, do inventário e da ação movida pelos irmãos Eduardo e Ermelino e a venci na primeira instância. Na segunda, no dia do julgamento, estava sozinho na sala de becas do

Tribunal de Justiça de São Paulo, quando Teotônio Negrão apareceu e me disse:

— Magalhães, eu queria que este fosse o meu último caso como advogado, pois é a ação juridicamente mais interessante e rica que já defendi em toda a minha vida.

Fiquei surpreso com sua franqueza, que até me conferiu uma força extra para a sustentação oral que eu faria logo a seguir. Concluí dessa breve conversa que meu contendor estava elogiando o meu trabalho de defesa, mesmo fundamentado em um argumento tão inusitado e incomum.

Nesse dia não levei nenhum advogado do meu escritório; nem sequer um estagiário para segurar a minha pasta enquanto fizesse a sustentação oral. Enquanto eu estava sentado no corredor, à espera da abertura da câmara, apareceu o Dr. Dante Delmanto, aquele mesmo que quis me dar uma gratificação no tempo em que eu trabalhava como escrevente. Destacado advogado criminalista, Delmanto era grande amigo do conde e viera me dar apoio no dia da sustentação oral. Fiquei lisonjeadíssimo. Ele não só se lembrou de mim, como se disse emocionado ao me ver naquela que, nas suas próprias palavras, era "a causa mais importante da nossa época", um processo acerca do qual os jornais disputavam avidamente informações para suas manchetes. Sua presença foi um alento que conferiu ainda mais força para a minha sustentação, em que eu defenderia humildemente a sentença de primeira instância que nos dera ganho de causa e agradeceria a Maria Pia pela confiança que ela em mim depositou.

Como disse há pouco, o processo foi uma guerra de pareceres. Fábio Konder Comparato, professor de Direito Comercial da USP, uma figura de esquerda que se recusava a dar pareceres para multinacionais, deu o dele, a pedido dos irmãos. Nele, até citou, num francês impecável, uma passagem da comédia teatral *O Doente Imaginário*, de Molière, em que se fala que o coração está do lado errado, argumentando que eu havia utilizado o conceito de usufruto impróprio para as ações que o conde doara – o que não seria correto, pois não se tratava de ações de bolsa substituíveis, mas sim de um usufruto comum. Nesse caso, sustentou Comparato, o conde não poderia ter feito uma reunião dessas ações, que eram de diversas holdings, em uma só, que ele próprio, usufrutuário, havia criado. Na minha sustentação oral, zombei dessa sua tese, começando por dizer que o coração estava, sim, do lado corretíssimo.

O caso chegou ao Supremo. Foi quando procurei o doutor Dario de Almeida Magalhães, meu xará, advogado carioca que o conde me orientara a contatar se o caso chegasse ao STF. Dario era um dos melhores advogados do Brasil. Além disso, fiquei sabendo, ao fim de minha exposição, que ele já havia advogado contra os Matarazzo e ficou muito lisonjeado (até emocionado, eu diria) por ter sido procurado após a morte do conde por recomendação do próprio.

Ainda nessa primeira reunião, Dario me disse para procurar Pontes de Miranda, um dos maiores luminares da história do Direito Civil brasileiro. Em seguida, ligou para o próprio Pontes na minha frente e disse ao jurista:

— Está indo aí um jovem advogado com um caso muito interessante, em que ele discute uma tese bem difícil, mas que você irá ajudá-lo a caracterizar o usufruto impróprio de ações.

Pontes de Miranda, já bem idoso, mas de quem acabei me tornando amigo ao lhe pedir vários outros pareceres, sempre me dizia:

> — O Direito tem sempre duas faces: a que lhe convém e a que não lhe é favorável. Elas estão em livros diferentes, às vezes em prateleiras diferentes. Mas todos vêm da mesma biblioteca.

Em uma das vezes que procurei esse consagrado jurista em sua residência, ele e sua esposa me enredaram num bate-papo, pois ela soubera que eu era irmão de Tarcísio Meira. Fizeram absoluta questão de que ficasse para jantar, para que depois pudéssemos assistir juntos à novela, protagonizada por meu irmão Tarcísio e sua mulher Glória Menezes. Com isso, acabei perdendo o último voo de volta a São Paulo. Em compensação, tive a honra de pernoitar na casa desse monstro sagrado do Direito no Brasil, inclusive vestindo um pijama que poderia pertencer ao Pontes.[16]

---

[16] Corriam contra o jurista algumas histórias que, dizem, ele mesmo teria contado. Uma delas era muito repetida. A de que Pontes de Miranda certa vez tivera de fazer um importante parecer para o Vaticano. Ele o redigiu e o deixou sobre a sua mesa.

O caso encerrou-se no STF que, naquele tempo, ainda ficava no Rio de Janeiro. Ermelino fez acordo antes pelo qual passou a receber mensalmente uma boa quantia que lhe possibilitava continuar a vida de *bon-vivant*, como dizia seu pai, e Eduardo perdeu, pois nossa mais alta corte nos deu ganho de causa. Alguns anos depois, após o encerramento formal desse processo do usufruto impróprio de ações, acabamos costurando um acordo com Eduardo. Num sábado, em meu escritório, ele passou quase o dia inteiro em companhia de seus advogados, assinando uma pilha de papéis com quase meio metro de altura, que eles analisavam um a um. Era o reconhecimento formal dos bens que lhe caberiam no inventário, e dos outros, herdados por Maria Pia. Foi esse o fim do caso que impulsionou minha carreira e me trouxe muitos outros clientes. Repito: procurar estar no lugar certo na hora certa é o caminho mais certeiro para o sucesso. É inútil ficar apenas esperando que as coisas aconteçam.

O inventário e seus desdobramentos me acompanharam por décadas. A condessa Mariangela, viúva do conde, já bem idosa, veio algumas vezes escondida ao meu escritório, no prédio do Conjunto Nacional, na avenida Paulista, para onde eu me mudara. Estava sempre acompanhada por um motorista, cuja presença ela fingia não perceber. Sempre exibia nas mãos um anel com um brilhante enorme, que ela virava para baixo sempre que estava sozinha. Muitos diziam que fora a condessa quem influenciara os termos do testamento do marido. Apesar da diferença de idade entre nós, tornei-me seu amigo

---

Porém, quando retornou ao trabalho na peça para os retoques finais, não a encontrou. Então, muito aborrecido, desceu para a rua e entrou no automóvel que o seu motorista conduzia. Para chegar a sua casa, era preciso dar a volta no quarteirão do escritório. Era exatamente isso que o carro fazia, quando Pontes viu umas folhas de papel voando. Algumas delas chegaram a entrar pela janela do veículo. Era o parecer desaparecido, que, por alguma razão, havia se perdido em meio a uma ventania. Católico de muita fé em Deus, Pontes de Miranda considerou o fato um milagre da Santa Sé. Ouvi essa história de dois advogados cariocas, quando fui ao Rio participar de uma homenagem ao grande jurista promovida pelo Instituto dos Advogados do Brasil. Para mim, ele nunca chegou a contar nada parecido. Tudo indica que, por alguma razão, ele tenha esquecido o parecer no banco traseiro do carro, um lapso perfeitamente aceitável, ainda mais em se tratando de uma pessoa bem idosa. O fato é que ele foi o maior jurista que o Brasil já teve, autor de dezenas de livros basilares do Direito brasileiro. Pontes era fluente em alemão, inglês, francês e latim. Uma pessoa admirável, que tive a imensa honra de conhecer.

tão logo ela se deu conta de que era eu quem conduzia o inventário, posto que o Eduardo Prado, que não era advogado de família, havia passado o caso para mim.

A condessa vivia tentando encontrar um jeito de encerrar a briga entre os seus filhos e se manter a par do andamento dos processos. Fiz o testamento e tive muita sorte, pois ele reacendeu a briga familiar, uma vez que, no testamento do primeiro conde (o Francisco Matarazzo original), seus irmãos já haviam se enfrentado judicialmente por ocasião da morte do pai. Dessa vez, foram os seus netos. Usei, como já disse, a tal cláusula cominatória existente no primeiro testamento, o do pai, que vetava briga entre os herdeiros sob pena de perda parcial da herança. O conde ficou radiante, mas morreu três ou quatro meses mais tarde. Quanto à condessa, fiquei muito ligado a ela, que ainda viveria por muitos anos. Lembro-me de que, quando meu filho Marcelo nasceu, Dona Mariangela o presenteou com uma tacinha de prata, pois me achava bom-caráter e uma pessoa que ainda poderia unir os irmãos.

Mas como essa família brigava! Um dia estive no apartamento de Maria Pia com seu irmão Eduardo. Os dois, que tanto se digladiavam, se reuniram comigo para discutir a derrubada da mansão da família na avenida Paulista (que a prefeita Luiza Erundina tombara e ameaçava desapropriar). Encerrada a reunião, saí juntamente com Eduardo, tomando o elevador no quinto andar do prédio onde sua mãe também residia (no segundo andar). Avisamos, então, a condessa para que ela pegasse o elevador no seu andar, para assim poder conversar com o filho, que havia cortado relações com ela. Quando o elevador parou no segundo andar, contudo, Eduardo segurou a porta, a fim de impedir a entrada da mãe, tamanho era o seu inconformismo por não ter sido escolhido para capitanear as indústrias da família.

Paradoxalmente, a condessa era uma pessoa extremamente devotada à família. Sua morte e sepultamento, anos mais tarde, em março de 1996, aos 91 anos, é uma história que merece ser contada.

O funeral da condessa Mariangela foi marcado por um episódio pungente. O mausoléu da família Matarazzo, no Cemitério da Consolação, é do tamanho de um sobrado. Seu caixão, imponente e muito pesado, subiu ao teto do mausoléu através de uma roldana, puxado lá de cima por um jovem coveiro. Assim que depositou o caixão no topo, porém, o funcionário do cemitério foi fulminado por um mal súbito. Era fim de tarde, e quase imediatamente escureceu e começou a chover forte; uma tempestade de verão. As centenas de pessoas presentes saíram correndo. Foi uma cena louca aquela multidão de preto, fugindo da tormenta em meio aos túmulos, já que a saída ficava do lado oposto do cemitério. Eu permaneci o tempo todo próximo ao túmulo, até a chegada do Corpo de Bombeiros para retirar o corpo do jovem coveiro. Quando saí, estava completamente encharcado e o cemitério já estava fechado. Tive de pedir que me abrissem o portão.

Segui como advogado de Maria Pia, que, algum tempo depois, pediu que eu cuidasse de seu divórcio, alegando que o seu marido, Roberto Calmon de Barros Barreto, estava tendo relações com uma funcionária da casa. Não aceitei o caso por não acreditar que um marido de família tradicional da Bahia tivesse essa relação, o que viria a desgastar Maria Pia. Porém poucos meses após o divórcio, ele alugou um apartamento na região da Paulista e foi morar com ela.

Antes de terminar esse caso dos Matarazzo, gostaria de abrir um novo capítulo para falar de um outro ramo da família, no qual também investi milhares de horas de trabalho por mais de trinta anos. Certa vez, a condessa marcou um encontro entre nós e sua irmã Maria Virgínia que, como a condessa, era prima do conde. A ideia era que eu passasse a ser também advogado de dona Maria Virgínia, o que efetivamente aconteceu – e, por mais de trinta anos, assumi esse encargo, em uma bateria de serviços que só se encerrou com o seu próprio inventário, muitos anos mais tarde. Também litiguei na herança deixada por seu irmão Pedro Paulo Matarazzo, que legou a ela, entre outros bens, uma fazenda de mil alqueires na região de Ribeirão Preto, como contarei a seguir.

Capítulo 21

Os outros Matarazzos

Pedro Paulo Matarazzo, irmão de Dona Maria Virgínia, fez um testamento muito interessante, deixando para a irmã uma fazenda extremamente valiosa, com a condição de que ela doasse a outro irmão um percentual de suas ações na empresa fabricante de latas da família. Com isso, seu irmão assumiu o controle desse negócio e Virgínia, em contrapartida, recebeu uma fazenda de mil alqueires, que veio somar-se a outros mil que ela já possuía da fazenda vizinha.

Maria Virgínia era casada com Andrea Ippolito, um simpático italiano que era íntimo de Mussolini e que chegou a ser prefeito de Roma e Milão. Com a derrota da Itália na Segunda Guerra Mundial e o assassinato de Mussolini, os jornais do empresário Assis Chateaubriand (criador do grupo Diários Associados) noticiaram também a morte de Andrea. Parêntese. Chateaubriand não gostava dos Matarazzo porque eles não faziam doações para o Museu de Arte de São Paulo, o MASP, nem para os clubes de aeroplanos que ele havia criado. Eram contribuições que o então magnata da imprensa praticamente exigia de todas as famílias ricas.

Um ano depois dessa notícia, Andrea Ippolito reapareceu, vivo e forte, ao ser libertado de um campo de concentração dos inimigos vencidos pelos norte-americanos. Ele era uma figura: pequena estatura, simpático e falante. Tornei-me seu amigo e frequentava sua casa no Jardim Europa, onde um retrato enorme de Mussolini dominava todo o ambiente. Certa vez, até levei meu filho Marcelo para conhecer essa figura histórica. Tempos depois, após o falecimento de Maria Virgínia, viúvo e com cerca de 80 anos, Andrea passou a frequentar com assiduidade o meu escritório, para saber do andamento do inventário da esposa, dizendo sempre que estava de passagem para o Edifício Itália, do qual foi um dos construtores, para uma reunião ou almoço com seus conterrâneos. Essa situação começou a me deixar sem jeito, pois Andrea quase sempre vinha sem avisar. Decerto, via meu carro à porta e entrava, não se importando em me aguardar na sala de espera ou junto ao telefone da recepcionista. Suas visitas atrapalhavam minha rotina, o que me levou a ligar para sua filha Teresa, de quem eu era muito amigo, para explicar a ela a prática quase diária dessas visitas. Vejam só a sua resposta – na verdade uma pergunta:

> — Meu caro Doutor Carlos, meu ingênuo advogado: só você não sabe que meu pai está apaixonado pela sua recepcionista?

Relevei a situação, dando apenas umas passadas ocasionais pela recepção, onde Andrea ficava de olho na garota de pouco mais de 20 anos. Comentava-se que Andrea teria dado ou emprestado a ela um belo apartamento em um prédio da rua Martins Fontes que fora de sua mulher, Maria Virgínia. Verdade ou não, sei que, após esses comentários do apartamento, suas vindas ao escritório rarearam. Quando faleceu, alguns anos depois, fui ao seu enterro no cemitério do Araçá. O sepultamento, aliás, demorou alguns dias para permitir que seus amigos e correligionários italianos também pudessem estar presentes. Permaneci bem próximo ao túmulo e até me preparei para dizer algumas palavras sobre o falecido.

Foi quando me dei conta de que havia vários homens, todos já de certa idade, carregando capas negras que começaram a vestir ali mesmo, à beira da sepultura. De repente, bem junto aos meus ouvidos, espocou um enorme grito:

— Camarada Ippolito!!!

A chamada foi respondida com um grito geral ainda mais alto:

— Presente!!!

O brado se repetiu por várias vezes, sempre entoado pelos homens com suas túnicas negras. Só depois fiquei sabendo que meu amigo Andrea, aquela figura miúda e cativante, quando foi solto do campo de concentração nos Estados Unidos, passou a presidir uma organização internacional de extrema direita – cujo ídolo, obviamente, era o ditador fascista italiano Benito Mussolini.

Voltando à minha atividade jurídica, Maria Virgínia teve três filhos com Andrea: Virgínia, Maria Teresa e Angelo Ippolito. A primeira seguiu para a Itália, onde consegui que recebesse pelo inventário brasileiro uma bela mansão em Castelabatte. Teresa, a mais nova e simpática, concluiu a faculdade de Direito, mas não advogou. O irmão caçula, Angelo Ippolito, vinha de vez em quando ao meu escritório. Ele nunca trabalhou e vivia de mesadas recebidas dos pais. Angelo me pediu que intercedesse junto a eles, para que fizessem a doação de uma parte de suas terras, com as quais ele conseguiria continuar a viver despreocupadamente.

Naquele tempo, como hoje, dizia-se que o imposto de transmissão *causa mortis* iria aumentar drasticamente. Usei esse argumento para conversar com o pai, Andrea Ippolito, sobre a pertinência de uma doação que antecedesse o inventário, que poderia estar próximo em razão da idade e estado de saúde de dona Maria Virgínia, além de que eu achava muito justo que fosse dada uma ferramenta de trabalho para os filhos, já de meia idade que se sentiam humilhados por viverem de mesadas dadas pela mãe. A sugestão foi aceita. Assim, foram contratados um agrimensor e um avaliador imobiliário para fazer a divisão de uma das fazendas. Minha ideia e sugestão foi a de que, concluída essa partilha técnica, se fizesse um sorteio das três glebas, cuja avaliação era difícil dada a extensão das terras, dezenas de quilômetros vizinhos à estrada para Ribeirão Preto. Havia terras melhores e piores, nascentes, lagos, florestas etc. Infelizmente, em vez desse sorteio, Andrea, marido da doadora Maria Virgínia, contrariando os meus conselhos, decidiu já distribuir as glebas para cada filho, alegando que uma dessas glebas deveria caber a Maria Teresa, por sua proximidade com um sítio que já havia sido doado à sua filha e neta de Maria Virgínia. Colocaram, então, as três escrituras numa árvore de Natal, já que seriam presentes natalinos. Inconformada com a divisão, Virgínia desencadeou uma briga com os pais, a fim de retirar algumas exigências feitas aos donatários.

Tive de voltar a São Paulo no dia 27 de dezembro, interrompendo minhas férias de final de ano para fazer um aditamento das escrituras anteriores. Foi um trabalho inútil, pois pouco tempo depois, com o falecimento da mãe Maria Virgínia, começou uma disputa entre os irmãos que duraria mais de 30 anos. Como testamenteiro de uma herança que incluía mil alqueires de terras valorizadíssimas, um enorme prédio no centro de São Paulo e muitos outros bens móveis e imóveis, tive de tentar de todas as maneiras fazer um acordo entre os três filhos que acabasse com a briga. Inútil, pois a disputa pelos bens e toda a animosidade só se encerraram quando os três faleceram.

Na advocacia, por mais que se queira equacionar os conflitos em busca de um acordo justo, nem sempre é possível, principalmente quando esses conflitos afloram na juventude dos conflitantes. As razões dos conflitos são as mais diversas e, algumas vezes, chegam a beirar a imbecilidade. Briga-se pelo roubo de um namorado. Por uma bicicleta da irmã que um irmão vendera sem seu consentimento. Já vi um pouco de tudo, ao longo de minha carreira, quando se trata de partilhas familiares de pessoas ricas. Em um desses casos tive até de convocar um psiquiatra para me ajudar na construção de um acordo. Detalhe: o conflito, nesse caso, teve sua origem em fatos ocorridos 30 anos atrás. Não é mesmo brincadeira.

Capítulo 22

O avanço das multinacionais

Enquanto eu ainda trabalhava no Eduardo Prado, foi criada a Copebras, fábrica de "negro de fumo" (matéria-prima para pneus), que era subsidiária de uma multinacional norte-americana. Fui convocado a fazer todo o acompanhamento jurídico para essa empresa em formação, cuja sigla significava Companhia Petroquímica Brasileira. Trabalhei para essa empresa em toda a criação do enorme parque industrial, desde a compra do terreno de sua planta principal, em Cubatão, no litoral paulista, até a redação dos contratos de construção. Sempre junto a dois engenheiros, desenvolvi desde os *procurement* de empreiteiros especialistas no projeto industrial, até a conclusão e o efetivo funcionamento do parque industrial, que não se restringe apenas ao negro de fumo, mas alcança também certos produtos subsidiários, como insumos para fertilizantes. Eu era um aprendiz aplicado, que acumulava experiência e conhecimento a cada novo caso – que, aliás, tornaram-se bem mais vultosos à medida em que eu avançava na doutrina e na prática.

Nesse mesmo período, a loja de departamentos americana Sears Roebuck, que estava presente no varejo brasileiro – com unidades em São Paulo (na avenida Paulista e no bairro da Água Branca), Rio de Janeiro e Campinas –, decidiu investir em um modelo semelhante aos modernos shoppings americanos, em que ela, Sears, seria locatária de espaço por longo período (30 anos mais prorrogações) e teria o papel de âncora do empreendimento. Fui encarregado pelo Eduardo Prado de manter contato com o senhor Sky, o simpático diretor-presidente da Sears no Brasil, que tinha uma enorme oficina de marcenaria em sua casa, que costumava mostrar às suas visitas com visível orgulho. O lugar tinha todas as ferramentas imagináveis, muitas delas adquiridas do próprio catálogo da Sears norte-americana. A

Sears desejava abrir quatro novas megalojas em São Paulo, e o sr. Sky, após uma longa reunião em sua casa para me conhecer melhor, me deu carta branca para trabalhar no grande projeto.

Participaram desse projeto dois executivos americanos da matriz, em Chicago. Durante uma semana, eles realizaram diversos sobrevoos na cidade, a fim de identificar áreas que comportassem a construção dos quatro shopping centers planejados pela companhia. Depois, ficaram comigo para avaliar a viabilidade econômica e jurídica de cada uma dessas aquisições de imóveis. Localizei os proprietários através do cadastro da Prefeitura paulistana e contatei-os, dizendo que eu era representante de um grupo de capitalistas que queria investir em concessionárias da aquecida indústria automobilística, já que qualquer menção ao nome Sears poderia facilmente aumentar o custo dos terrenos.

Consegui, assim, obter opções de compra já com o preço da transação estabelecido. Uma dessas áreas, no Brooklin, pertencia a um quarteto de empresários judeus que, segundo informações que obtive, antes mesmo de se mudar para o Brasil, já havia adquirido imóveis na cidade de São Paulo. Eles haviam comprado um terreno de mais de 200 mil metros quadrados junto à futura Marginal do rio Pinheiros. Além dessa área, que conseguimos adquirir, a Sears comprou outras três – uma junto à avenida Paulista e as outras duas nos bairros de Pompeia e Água Funda.

Logramos, num curto espaço de tempo, facilitar a aquisição, pela Sears, de todos esses terrenos. No bairro do Brooklin foi adquirida uma enorme área, mas tivemos o aborrecimento de enfrentar uma ação judicial movida por um certo senhor Joel Ostrowicz, grande capitalista, comprador e construtor de prédios próprios para locação. Contestei a ação subscrita por um prestigioso escritório de advocacia, que alegava que seu cliente estava em tratativas envolvendo a Sears, além de outros fundamentos que não prosperaram, visto que ganhamos totalmente a ação. Após o trânsito em julgado da decisão, foi dada continuidade ao projeto, que, ao final, resultou no maior shopping da cidade de São Paulo.

Outro terreno que deu um grande trabalho jurídico foi o da Água Funda, pois a área tinha um projeto de loteamento já aprovado e com alguns lotes vendidos. Essa circunstância nos obrigou a comprar esses lotes de forma fragmentada e a mudar o projeto na Prefeitura paulistana, eliminando algumas ruas. Um complexo trabalho jurídico que conseguimos equacionar integralmente em favor da cliente.

Os terrenos contíguos às lojas Sears já existentes, por sua vez, não deram tanto trabalho. Ainda assim, tivemos de construir passarelas que ligassem os dois imóveis contíguos à loja adquiridos na Água Branca. Conseguimos obter o direito de uso (por quase 100 anos) de passagens aéreas sobre as ruas entre dois terrenos e a loja existente. O terreno adjacente à Sears junto à avenida Paulista não apresentou inconvenientes jurídicos. Por outro lado, foi palco de uma irretocável obra de engenharia, uma vez que a nova construção foi feita com a loja Sears original em pleno funcionamento.

A partir dos anos 1960, as multinacionais montadoras de automóveis (em especial, as americanas) começaram a chegar ao Brasil. Trabalhei muitos anos na Comissão Tributária e Jurídica da ANFAVEA, associação a que cheguei como representante da Scania nas reuniões semanais que realizávamos. Nessa entidade representativa de nossa indústria automobilística, eu mantinha contato com diversos profissionais de outras empresas automotivas.

Uma delas, a Massey Ferguson, interessou-se por uma tese que eu havia exposto, a de que, nos casos de vendas de bens diretas aos consumidores de outros estados, a alíquota do imposto de circulação de mercadorias (ICM) era 2% menor, o que impactava fortemente o faturamento da empresa. A Massey Ferguson imediatamente contratou nossos serviços, e eu consegui liminares para a venda de seus tratores com a incidência dessa alíquota menos custosa. Era uma boa economia, mesmo se perdêssemos a causa. Tive de agir sozinho nessa contratação, já que o Eduardo Prado havia ido para Londres ajudar a criar ou fazer algo no Instituto Internacional do Café – e permaneceu na Inglaterra por quase dois meses.

Quando Eduardo Prado retornou ao Brasil, em vez de se mostrar feliz pela nova conquista, ficou chateado quando lhe disse que a Massey era cliente do escritório Pinheiro Neto e que eles não haviam percebido que a companhia de tratores vendia direto aos usuários e assim podia perfeitamente faturar seus produtos com uma alíquota menor do novo imposto.

Na minha frente, Eduardo ligou para o próprio Pinheiro Neto, e o diálogo dos dois foi mais ou menos assim:

— Enquanto estive fora, um advogado mocinho aqui do escritório pegou uma procuração da Massey Ferguson para economizar em 2% o recolhimento de ICM por meio de uma tese que ele inventou.

A resposta que ouvi no viva voz foi a seguinte:

— Edu, a Massey é de fato nossa cliente antiga e fiel e agora está com uma nova advogada interna, que parece não entender a nossa ética profissional.

Edu solucionou a questão.

— Estou lhe enviando uma renúncia à procuração da Massey e vocês seguem com o caso.

Por conta de casos como esse e outros, eu queria ir embora do escritório do Eduardo Prado e partir para a carreira solo. Conversei com Edu a esse respeito. Na minha opinião, o seu modelo de escritório estava envelhecendo, pois nem sequer fazia tabelas de honorários com valores distintos segundo a aptidão e experiência dos advogados. Um único valor se aplicava às horas trabalhadas por qualquer um deles. Outras questões também pesaram, como o fechamento da sala onde ficava a biblioteca. Nela, advogados começavam a jogar baralho com as secretárias tão logo se encerrava o expediente. Isso me prejudicou, pois era exatamente essa a hora em que, encerrado o serviço regular, eu estudava os meus casos recorrendo aos livros da biblioteca. Tampouco me agradavam os altos salários pagos às secretárias e aos office boys, que quase chegavam ao nível dos estagiários e recém-formados.

Eduardo opôs muita resistência à minha saída. Até nossas esposas chegaram a se reunir para ver se conseguiam ajeitar a questão, o que redundou num acordo em que eu ficaria no escritório por mais seis meses, trabalhando em regime de meio período. Nós dois, àquela altura, já éramos bastante amigos. Passávamos juntos os finais de semana no Guarujá, onde ele tinha uma lancha antiga. Eu levava a minha, quase nova, e ficávamos em sua bela casa de praia. Se um de nós não fosse para lá, tomávamos lanche juntos nas noites de domingo. Após minha saída, ele ficou muito magoado, chegando a dizer que abandonaria o próprio escritório. Nossas relações deram, então, uma estremecida. Ficamos um belo tempo sem nos falar. Um dia, porém, anos mais tarde, ele me ligou bem cedo. Estava na Clínica Mayo, nos EUA, onde descobriram um câncer em seu aparelho digestivo. Eduardo tinha medo de falecer na cirurgia, que faria naquele mesmo dia. Queria que eu assumisse o seu escritório e cuidasse de sua esposa, Gigi, com quem eu mantinha uma forte relação de amizade. Só muitos anos depois, me propôs novamente assumir o seu escritório, incorporando-o ao meu.

A segunda parte desse seu pedido, porém, referente à sua esposa Gigi, foi algo que, mais tarde, se desdobraria seriamente. Essa recomendação de que eu cuidasse de Gigi foi repetida mais uma vez, e me pareceu que ela estivera presente nesse telefonema. Aceitei o apelo, mas não compreendi muito bem a ênfase com que pedira que eu o fizesse "para sempre".

Edu sobreviveu à cirurgia e pouco nos falamos depois disso. Até que um dia, anos depois, na época do Natal, ele me propôs que eu assumisse o seu escritório, mas integrando-o ao meu, para onde ele levou alguns advogados e funcionários, suas obras de arte e coisas de valor estimativo, como o seu diploma de Harvard. Essa fusão infelizmente não deu certo, como explicarei mais adiante. Já com a idade avançada, ele sofreu um grave acidente no banheiro de sua casa e ficou inconsciente, vindo a falecer após alguns meses.

Passadas algumas semanas de seu falecimento, seu filho mais velho me procurou, dizendo que sua mãe queria muito conversar comigo. Fui ao encontro de Gigi e, na presença desse filho, ela me recebeu efusivamente e foi direta de modo absolutamente desconcertante:

— Chico, agora eu fiquei viúva e você está divorciado, então, podemos nos casar. O que você acha?

Fiquei estupefato com essa declaração, ainda mais na presença do filho, e imediatamente me veio à lembrança o telefonema de Eduardo no dia de sua cirurgia. Gigi era uma belíssima mulher, filha de um francês e de uma portuguesa. Era uma pessoa extremamente culta, falava vários idiomas e realmente sempre teve por mim um carinho e afeto – de que um dia me dei conta, ao ouvir sem querer uma conversa nas quais uma de suas amigas, talvez propositalmente, para que eu pudesse ouvir, disse que ela deveria se vingar do marido, que a traía publicamente, saindo comigo, que, como todos percebiam, gostava dela.

Obviamente, refutei a proposta, mesmo porque Gigi era bem mais velha do que eu e uma pessoa com sérios problemas psíquicos, talvez advindo de seu casamento. Disse-lhe, para disfarçar, que deveríamos antes pensar muito no assunto. Nunca mais a procurei, esperando que ela desistisse da ideia, e pedi ao seu filho mais velho que me informasse a respeito do estado de sua mãe. Essa situação altamente embaraçosa se resolveu de modo muito triste, como soube depois. Gigi não se alimentava mais, ficou de cama e já quase não falava, vindo a falecer alguns meses depois desse encontro. Até hoje, passadas dezenas de anos, ainda fico abalado com esse episódio quase surreal, como agora, ao lembrar dela nos bons tempos de convivência, de seu jeito de falar comigo, sempre alegre e sorrindo por me ver feliz. Confesso que ainda carrego uma nesga de arrependimento, por não ter sido capaz de encontrar um meio-termo, um modo de fazê-la feliz, algo que me poupasse dessa grande tristeza que me assalta hoje ao lembrá-la.

Capítulo 23

As renúncias necessárias

Bem mais que uma certa fama, o caso Matarazzo acabou me rendendo enormes dividendos profissionais. Por aqueles dias, no início de 1991, recebi em meu escritório uma moça que me telefonara dizendo ser deputada federal e avisando que fazia questão de ser recebida no mesmo dia para contratar os meus serviços. Quando a recebi, ela se apresentou como Tutu Quadros, filha do ex-presidente Jânio Quadros. Estava vestida com roupa de ginástica – collant ou moletom.

Antes mesmo de expor o seu problema, ela já foi dizendo que viera ao escritório não porque eu era o irmão do Tarcísio Meira, mas para me passar uma procuração, pois tinha lido nos jornais que eu havia conseguido deixar tudo para a Maria Pia no inventário do Conde Matarazzo. Ela queria receber toda a herança de sua mãe, dona Eloá, falecida há algumas semanas e casada com Jânio em regime de comunhão de bens, para poder deixá-la para seu filho, Jânio Quadros Neto que, segundo ela, sucederia ao avô na política se tivesse dinheiro para realizar as suas campanhas eleitorais.

Expliquei a ela que não havia sido bem assim, pois os herdeiros do conde haviam sido bem aquinhoados, já que só o terreno da casa da avenida Paulista, por exemplo, valia 120 milhões de dólares à época.

Mas ela estava ansiosa. Dizia não se conformar com o testamento da mãe (que era igual ao do pai) por uma cláusula de inalienabilidade e outras relativas aos bens. Ela repetia não ser qualquer uma e que, como deputada federal, sabia muito bem administrar os seus bens – e, por fim, que eu deveria anular essa cláusula em ambos os testamentos. Eu tentei mostrar a ela que, no futuro, poderíamos retirar alguns valores em dinheiro mesmo com essa cláusula, trocando os bens por outros de menor valor, recebendo assim uma diferença na transação. Mas de nada adiantou, pois Tutu estava mesmo obcecada com a ideia de anular as cláusulas.

Por fim, dias depois, ela me disse que Jânio tinha mais de 300 milhões de libras esterlinas depositadas numa conta em um banco inglês – e ela queria que eu fosse a Londres liberar esse dinheiro, junto com ela e seu pai. Ele já estava bem mal de saúde, física e mentalmente. Fui encontrá-lo em um apart-hotel, pois Tutu, que mantinha péssimas relações com o pai, já tinha retirado todos os bens da casa onde ele morava, no Morumbi, e os doara ao cardeal arcebispo de São Paulo, Dom Paulo Evaristo Arns. Tentei uma aproximação lisonjeira com o ex-presidente, dizendo-lhe que eu havia sido um de seus primeiros eleitores – o que era verdade. Não adiantou, pois ele já não entendia mais nada. Jânio Quadros estava totalmente desmemoriado. Foi quando decidi renunciar ao caso. Com o problema mental do pai e a exigência da filha para anular parte dos testamentos somadas à ideia de viagem a Londres, a situação se tornou insustentável.

Algumas semanas mais tarde, li a notícia, não sei se verdadeira, de que tentaram tirar Jânio do Brasil em uma cadeira de rodas, mas foram impedidos por uma liminar da justiça, em uma ação judicial requerida pelas filhas de Tutu. Essa liminar teria sido entregue a ela no próprio aeroporto, momentos antes do embarque.

Certo tempo depois, o Código Civil foi modificado, e as circunstâncias sugerem que tenha havido um dedo de Tutu nas alterações trazidas por esse novo dispositivo, que exigia que as cláusulas dos testamentos ou doações limitando os poderes do herdeiro ou donatário teriam de ser justificadas pelo testador ou doador.

Provavelmente, este caso da Tutu Quadros foi aquele em que mais tive convicção ao renunciar. Além dessa tentativa de tirar o pai do Brasil para receber uma fortuna de origem ilícita, como dizia sempre, ela já havia cometido outras tolices, como doar indiscriminadamente vários bens de seu pai. Isso obviamente reforçou minha decisão, afinal Jânio, mesmo com todos os problemas, também era meu cliente. Mas a gota d'água mesmo foi o pedido de acompanhá-los a Londres, para retirar uma verdadeira fortuna (à época mais de 1 bilhão de dólares) que, provavelmente, Jânio teria recebido ilicitamente.

Flashback. Curiosamente, eu estivera na posse de Jânio Quadros na Presidência, em 1961. Primeiro fui para Santarém com o meu amigo Roberto, filho de João Batista Leopoldo Figueiredo (primo do futuro presidente Figueiredo). Seguimos num dos navios cargueiros de sua empresa de navegação. Fomos na única cabine, pois o navio, na verdade, era um cargueiro lotado de DKWs, veículo de origem alemã bastante popular à época. Na volta, em Belém, tomamos um DC-6 até Brasília, que havia sido inaugurada há pouco tempo (21 de abril de 1960) e que ainda tinha muitas ruas de terra. Os carros atolavam quando chovia. Ficamos hospedados no apartamento do Dr. João Batista, pai do meu amigo e futuro presidente do Banco do Brasil. Vimos a posse de Jânio, uma festa, e depois fomos para o Rio de Janeiro de ônibus. Lá passamos uma semana na casa carioca de outro João Batista, o João Baptista de Oliveira Figueiredo, que viria a ser presidente do Brasil de março de 1979 a março de 1985. Eu não cheguei a encontrá-lo durante essa estada em sua casa.

Durante os anos seguintes, meu escritório seguiu de vento em popa, já com mais de dez advogados na equipe. Por alguns anos, em dezembro, realizei festas comemorativas para o pessoal do escritório, clientes e amigos, sempre convidando artistas de renome como Ivan Lins e Toquinho (este por duas vezes), bem como as bandas ou orquestras que os acompanhavam. As festas faziam enorme sucesso, principalmente por serem em minha casa, criando um ambiente mais acolhedor, com um jantar de excelentes bufês de São Paulo. Todos adoravam essas ocasiões. Lembro-me de que o presidente do maior grupo econômico de Israel, que tinha filial no Brasil da qual éramos advogados, estava em São Paulo, e acabou vindo à festa e elogiando muito o evento. No ano seguinte, ele me telefonou de Israel, perguntando se iríamos dar outra festa igual para que ele pudesse fazer a data coincidir com uma visita profissional à subsidiária brasileira. Deve ter gostado muito mesmo. Outro convidado importante nessas confraternizações, que vinha de Brasília, era o embaixador da Ucrânia, país que era nosso cliente na disputa de uma empresa siderúrgica ucraniana contra suas concorrentes brasileiras, que desejavam sobretaxar as importações de aço.

A partir daí, os megaescritórios de advocacia do Brasil, meus concorrentes, começaram a realizar eventos parecidos, mas em teatros ou salões destinados a casamentos, nunca se igualando aos nossos, realizados em minha própria casa, cujos jardins cobertos abrigaram mais de trezentas pessoas.

Posteriormente, com a recessão mundial que se iniciou com as quebras de bancos e grandes empresas americanas, em 2008, nunca mais houve ambiente para eventos dessa natureza. Eles até passariam a repercutir mal num mundo empresarial que vivia em estado geral e permanente de corte de despesas. A busca por eficiência e rentabilidade rapidamente suprimiu gastos desse porte. Ainda espero que, no futuro, essas confraternizações reassumam o seu bom espírito e encantamento originais.

Só anos mais tarde, próximo ao Natal, Eduardo Prado, meu ex-chefe, me ligou novamente, quando recebeu uma proposta de venda de seu escritório na rua Bahia para a construção de um prédio. Meu escritório ia muito bem. Conversamos e concordei em incorporar o seu, mas, como não havia muito espaço, tive que comprometer também com boa despesa para ampliar o escritório em mais 300 m^2, algo que o terreno comportava – e que veio a ser um ótimo negócio para o futuro de meu escritório. A obra foi feita em três meses e, então, Eduardo Prado e seus advogados vieram para o nosso escritório durante o feriado da Semana Santa. Uma decisão difícil foi onde colocar seu nome no timbre e impressos do escritório. Seu nome acabou ficando com o terceiro lugar, após meu nome e o de meu associado Tércio Sampaio Ferraz, um jurista que não tinha tanto traquejo ou charme, traços salientes em Eduardo Prado.

Julguei, à época, que o acréscimo do nome Silva Prado em nossa razão social traria novos clientes para o escritório. Infelizmente, porém, essa minha expectativa não se confirmou. Eduardo ia todo dia ao escritório e, antes de terminar o expediente, já reunia uma turma e seguia para *happy hours* regadas a uísque e jogos de dados. Seus clientes já tinham a percepção de que o seu escritório anterior estava em declínio. Fiz uma grande festa pela fusão, mesmo tendo sérias dúvidas quanto aos horizontes do negócio, mas de nada adiantou.

Durante a construção da parte que ligava as duas áreas do escritório, feita em janeiro, um grande amigo meu, dono de um sítio, trouxe um lote de árvores de Natal. Com elas cercamos toda a área do novo escritório expandido. Na Semana Santa estava tudo pronto. A casa em que funciona o escritório, bonita e funcional, é um projeto icônico do arquiteto Gregori Warchavchik, russo naturalizado brasileiro, participante da Semana de 1922 e espécie de patrono da arquitetura moderna no Brasil. Em seu jardim interno, chama a atenção uma grande árvore, que os engenheiros agrônomos da Prefeitura que visitaram a casa disseram ser uma araucária, a árvore mais alta do bairro do Pacaembu e uma das mais altas da cidade de São Paulo. De minha casa, nas proximidades, desfruto diariamente de uma bela vista dela, toda soberana na paisagem.

De volta à filha de Jânio Quadros, o fato é que fiz bem em renunciar ao caso, pois Tutu era uma mulher dominadora e também extremamente sexy, com quem, decerto, nessa fase em que eu, todo feliz da vida, redescobrindo os prazeres da solteirice, acabaria me envolvendo. Mas não foi esse o único caso a que renunciei. Houve outro, relevante, no qual perdi centenas de horas tentando receber uma vultosa quantia de uma construtora que devia para uma cliente minha. No final, descobri que esses valores cobrados da construtora não vinham de serviços prestados, mas sim de um acordo celebrado por empreiteiras rivais e realizado pelo falecido marido de minha cliente. Detalhe fundamental: quando pôs em prática esse pacto, o tal empresário, já falecido, era diretor de uma estatal, onde detinha poder suficiente para arquitetar e executar essa série de manobras ilícitas em concorrências públicas. Somando-se todas as horas que despendi debruçando-me sobre o caso, tive um prejuízo de milhões de reais. Por outro lado, apesar do dinheiro que deixei de ganhar, livrei-me de me tornar coadjuvante de um ato ilícito que percebi muito tarde.

Houve outros casos em que cogitei desistir de processos administrativos; mas, que me lembre, em nenhum deles cheguei a formalizar a renúncia, pois o que eu mais desejava era mudar a atitude de clientes que pretendiam dominar a defesa do caso, insistindo em seus próprios argumentos e estratégias. Essa interferência causava ruídos e dificultava a condução do processo. Um bom exemplo foi a compra da fábrica de chocolates Garoto pela Nestlé, minha cliente, caso que abordarei em detalhes nas páginas subsequentes. Durante sua longa tramitação, que durou duas décadas, por duas vezes deixei reuniões, dizendo que renunciaria à contenda. Em ambas as situações, um dos gerentes jurídicos da Nestlé saiu no meu encalço – a primeira na Marginal do rio Pinheiros, onde fica a sede da empresa, e a outra no próprio estacionamento do prédio. Recuei da minha decisão nos dois episódios, depois que os representantes de minha cliente prometeram mudar suas atitudes politicamente incorretas.

É óbvio que a renúncia a um mandato é sempre um ato extremo, um distrato unilateral do acordo estipulado contratualmente com o cliente. Ainda que fique só na tentativa, em que ela funcione como uma espécie de blefe, como foram alguns casos, a renúncia continua sendo uma medida extrema que precisa ser objeto de muita reflexão, bom senso e cálculo. Há casos, no entanto, em que a renúncia acaba sendo a única saída. Nessas situações, é preferível perder um bom dinheiro para poder tirar do caminho o impasse e deixar as relações com o cliente devidamente equacionadas, antes que esse mesmo impasse se manifeste em nosso desfavor.

Capítulo 24

Brahma + Antarctica = AMBEV

Sempre houve, no Brasil, duas grandes cervejarias com imenso domínio de mercado – a Antarctica, de quem eu era advogado, e a Brahma. Nesse contexto de estímulo à criação de *joint ventures* com empresas estrangeiras, a Antarctica havia feito um acordo com a americana Anhauser Busch (fabricante da Budweiser), que ficaria com 5% de participação no capital da Antarctica (que posteriormente seria aumentado), e daria a licença para a fabricação da marca Budweiser no Brasil. Nesse meio tempo, a Brahma fez um acordo semelhante com a também americana Miller. Nós largamos na frente, recorrendo ao CADE, que então já obrigava que acordos desse tipo tivessem de passar por seu crivo. O órgão disse que a Anhauser Busch precisaria deter uma fatia maior na composição acionária na empresa para justificar a transação. Diante disso, a Anhauser Busch retirou seus investimentos do projeto com a Antarctica. A Miller fez o mesmo com a Brahma, já que tampouco conseguiram qualquer avanço em seu pleito junto ao CADE.

Um dia, bem depois desse primeiro caso ter dado em nada, me liga o presidente da Antarctica, Victorio De Marchi, me dizendo que, após o almoço em que se encontrava, viria acompanhado ao meu escritório para uma conversa muito importante. Em nenhum momento do telefonema, no entanto, ele quis explicitar de quem se tratava. A resposta veio rápida. Uma ou duas horas depois, chegaram o Victorio e, para minha grande surpresa, também Marcel Telles, o então presidente da Brahma. Aumentando ainda mais o meu espanto, eles, até então tradicionais concorrentes, me disseram que estavam negociando para reunir suas operações. Explicaram-me que iriam criar uma única empresa e que nosso escritório deveria aprovar essa fusão no CADE. Logo adiantaram que, no segmento de cervejas, o mais importante para as duas empresas, a fusão resultaria numa concentração de cerca de 70% desse mercado.

Após uma rápida análise da proposta, que não durou mais que uma hora, respondi que iríamos aprovar, sim. Mas, para isso, teríamos de perder alguns anéis, como abrir mão de algumas marcas, fábricas e perdas pontuais na distribuição.

Meu escritório foi contratado imediatamente em razão da sinceridade de minha resposta à consulta. Seguiu-se uma bateria de reuniões diárias no Centro Empresarial de São Paulo, então sede da Brahma. Montaram uma sala para o QG da operação, que depois se transferiu para outro prédio em fase final de construção e, por fim, para o meu escritório, que passou a ficar aberto dia e noite. As duas companhias registraram o nome American Beverage – resumido em AmBev – que era como se chamaria a nova empresa.

Entramos com o processo no CADE depois de dois meses de reuniões contínuas, a fim de reunir elementos legais para que o órgão aprovasse a fusão. Nessa época, eu havia comprado minha casa atual, que passava por uma grande reforma, mas só conseguia visitá-la para avaliar o andamento das obras necessárias, tarde da noite, com uma lanterna, tamanho era o trabalho que eu tinha durante o dia com esse novo caso.

Eu vivia e respirava 24 horas por dia o caso AmBev, contra o qual a Femsa (Coca-Cola), que também tinha uma marca de cerveja (a Kaiser), apresentou uma grande contestação no CADE e também protocolou ações populares ajuizadas por seus funcionários. Foram nove meses de trabalho intenso e dos mais variados procedimentos para que o caso tivesse enfim um desfecho.

Foram emitidos pelo governo dois pareceres – dos Ministérios da Fazenda e da Justiça – para embasar, do ponto de vista público, a decisão do CADE. Ambos eram contrários à nossa pretensão.

Nossa estratégia previa uma negociação com o CADE, em que íamos entregando, pouco a pouco, ativos secundários que ajudassem no alcance de nosso objetivo principal, a fusão. Eram os mesmos ativos que eu havia mencionado, na minha primeira reunião com Victorio e Marcel, como os tais anéis que perderíamos ao longo da contenda.

A fusão, enquanto estava sendo discutida, foi alvo de um bombardeio judicial, que incluía várias (entre dez e vinte) ações populares movidas por funcionários da empresa concorrente. Como colaboradores da Femsa, eles se julgavam afetados pelos planos das duas companhias. Estabeleceu-se, então, que Sérgio Bermudes, na minha opinião um dos maiores advogados contenciosos do Brasil, ficaria encarregado da parte judicial, e meu escritório, da administrativa.

O julgamento no CADE, no dia 29 de março de 2000, começou às 15h e estendeu-se até às 4h da madrugada do dia seguinte. Não saí da sala nem para ir ao banheiro, com medo de perder o lugar. Fiz a sustentação oral e, durante os votos de cada conselheiro, grudei na minha cadeira. Victorio fez o mesmo. Foi uma loucura![17]

O pessoal da Brahma não gostava muito de mim, pois eu tinha origem na Antarctica, embora tivesse sugerido que o advogado da Brahma dividisse comigo o trabalho, o que não foi aceito, ficando apenas ele como consultor da Brahma. Alguns dias antes do julgamento, fomos falar com o secretário de Direito Econômico do Ministério da Justiça. Um de seus coordenadores retirou o diretor comercial da Brahma da sala de espera e o levou para uma conversa privada em seu gabinete. Não tive dúvidas. Retirei o diretor dessa sala, dizendo-lhe:

— Nós vamos ganhar essa batalha, apesar de vocês.

Essa minha afirmação, apesar de muito forte, não impediu que eu continuasse advogado da Ambev, já que fazia parte da cultura do grupo controlador da Brahma aceitar as pressões de outros profissionais, ainda que esses estivessem do seu lado. Esse diretor, mais adiante, tornou-se presidente mundial da INBEV, hoje a maior cervejaria do mundo, da qual a Ambev é um dos acionistas majoritários.

Os gestores da futura Ambev saíram do julgamento com cara de poucos amigos, reclamando da perda dos anéis. Mas quando iam tomar um táxi, vi que celebravam a vitória, que foram comemo-

---

[17] No dia do julgamento, alguém retirou o fax do CADE da tomada, já que estavam chegando despachos de juízes de primeira instância concedendo liminares para que o julgamento fosse suspenso. Algumas dessas liminares já estavam ou poderiam estar suspensas pelo trabalho de Sérgio Bermudes e sua equipe, o que levou o procurador do CADE a não aceitar cópias de liminares vindas por fax.

rar em uma festa no hotel. Diziam até que houve uma aposta de que, em caso de ganho da causa, um certo diretor da Brahma teria de me beijar. Como voltei à sala de julgamento para esperar e conferir a ata do julgamento, não fui ao encontro da turma e, portanto, até hoje não sei dizer de quem se tratava.

Todo esse movimento de criação da Ambev já fazia parte dos planos estratégicos de expansão internacional dos acionistas da Brahma. Nos anos seguintes, a Ambev, além de dar início às negociações com o grupo cervejeiro belga Inbrew (uma das maiores cervejarias do mundo), adquiriu várias cervejarias importantes na América Latina (como a argentina Quilmes e a venezuelana Nacional, por exemplo). Detalhe: mesmo sendo minoritária, a Ambev obteve o mesmo poder que os belgas na nova empresa, graças a um bem-concebido acordo de acionistas. Posteriormente, a Inbev desencadeou a briga pela compra de ações da Anhauser Busch, fabricante americana, dona da marca Budweiser. Uma grande comitiva da Inbev passou meses nos EUA negociando com autoridades e acionistas. Interessante notar que a Inbev, da qual a Antarctica veio a participar, tornou-se acionista majoritária da Anhauser Busch. A caça virou caçadora, pode-se dizer, entre a ironia e a realidade. Tenho orgulho de dizer que este nosso trabalho de conseguir formar a Ambev permitiu que fosse criada a maior cervejaria do mundo nesse segmento. O primeiro passo de um projeto é sempre o principal, como são as fundações na construção de um arranha-céu.

Capítulo 25

A Globo ao vivo no CADE

Eu já contava com uma boa carteira de empresas acusadas de monopólio ou cartel. Desse ponto em diante, foi um pulo para eu me tornar advogado da Globo nessa área de defesa da concorrência. Em 1991, a Globo havia lançado a Net, sua TV a cabo por assinatura. Logo veio a oposição. Uma TV e produtora norte-americana alegou que, sem a imagem da Globo, as empresas a cabo não participantes não conseguiriam vender os seus canais. Defendi a Globo, alegando que essas empresas queixosas tinham uma alternativa: fazer seus telespectadores acessarem os canais de televisão aberta via satélite, através de antenas parabólicas. Poderiam, assim, captar o sinal aberto da Globo nesse mesmo sistema, com um simples girar de uma chave. A parte contrária trouxe advogados americanos para tocar o litígio, dizendo aos jornais que eles vinham ao Brasil para ensinar como lidar com o problema da obrigatoriedade das empresas brasileiras cederem suas *facilities,* entre as quais a imagem da Globo se enquadrava.

O CADE sentiu-se ofendido por tais declarações, o que facilitou que nossa tese fosse aceita. Levamos para o CADE um aparelho de TV e uma antena parabólica, para demonstrar que o sinal da Globo poderia ser captado pelos consumidores com um simples movimento de chave e que eles poderiam adquirir facilmente uma antena parabólica. O aparelho de TV falhou na hora de nossa sustentação, fato que nos deixou arrepiados por alguns instantes. Finalmente, sintonizamos, via satélite, a imagem da Globo. Ou seja: no final do caso, ganhamos! Foi nessa época que as emblemáticas antenas parabólicas para obtenção da imagem da Globo e de outros canais de TV abertos e fechados começaram a se popularizar. A Globo Net obteve um enorme salto em seu *share* de TVs por assinatura.

Capítulo 26

O Doutor dos minoritários

Em meados dos anos 1970, cerca de uma década após minha formatura no Mackenzie, finalmente consegui realizar o sonho de ter o meu próprio escritório. Era a minha vez. Meu primeiro endereço solo foi um sobrado geminado da rua Sorocaba, uma travessa da Dr. Arnaldo. Batizada de *Carlos Francisco de Magalhães Advocacia*, nossa banca era um trio: eu, minha esposa Teresa e um estagiário que, bem mais tarde, se tornaria desembargador.

Teresa, que já dava aulas na São Francisco (Faculdade de Direito da USP), arriscou então os seus primeiros passos na advocacia. Mas ela era muito mais ligada à faculdade; mais teórica que prática. Minha carreira solo acabou se tornando um foco de tensão entre nós. Nossa relação, que já vinha instável, foi se deteriorando cada vez mais.

Ainda na rua Sorocaba, uma cliente me trouxe outro caso graúdo e delicado. Uma senhora e seus três filhos detinham quase 40% de uma grande empreiteira. Seu falecido marido detinha essa fatia importante do capital da empresa por ter sido um dos sócios-fundadores. Entretanto, queriam dar a ela e seus filhos uma quantia irrisória para que saíssem do grupo de empresas que, comparada à sua participação nas grandes empresas do grupo, era completamente fora de propósito.

Na contenda com o sócio majoritário, fui percebendo que havia muitas ilegalidades na gestão da companhia, que também era proprietária de uma das maiores empresas brasileiras de transporte rodoviário intermunicipal, além de várias outras empresas e negócios. Diversas atas de assembleias realizadas não haviam sido assinadas por meus clientes, acionistas minoritários, embora se declarasse nos documentos, levados à Junta Comercial, que eles as haviam assinado. Entrei com diversas ações judiciais por desvios na gestão. Minha tática era garantir que, dia sim, dia não, houvesse um oficial de justiça ou funcionário de um cartório de registro civil bem cedo à porta do apartamento onde residia o sócio majoritário, para lhe estragar o dia. Isso, eu acreditava, cedo ou tarde minaria sua resistência e lhe arrancaria um acordo com os meus clientes.

Além disso, eu tinha um perito judicial que coloquei como membro do conselho fiscal da principal empresa do grupo, cujo trabalho, importantíssimo, detalharei mais adiante. Nosso oponente, o sócio majoritário, sabia que sua posição era frágil. Mesmo assim, ficou na sua. Depois de alguns meses, porém, o empresário ligou para um dos filhos de minha cliente, dizendo que queria conversar e talvez até fazer um acordo. Mas que teria de ser naquele dia. Ele era muito supersticioso, traço que se refletia, entre outros aspectos de sua vida, na escolha de dias mais favoráveis para tratar de determinados assuntos.

Naquela manhã, mesmo tendo acordado com febre, fui à sede da empresa e me reuni com o sócio majoritário pelo dia inteiro. À noite trouxe na pasta um cheque de enorme valor (não me lembro exatamente quanto), e minha cliente e seus filhos receberam uma grande quantia imensamente maior a curto prazo, além de bens do ativo da companhia de que saíam. Ganhei muito dinheiro por um trabalho intenso mas realizado em menos de um ano. Dias após o acordo, minha cliente e seus filhos deram uma bela festa no seu apartamento. O sócio majoritário deu outra, que teve até uma missa campal em São José dos Campos ou Guaratinguetá – provavelmente por ter se livrado do meu assédio. Essa grande causa vencida coincidiu com o fim de meu casamento, que já não vinha bem há alguns anos.

Esse processo, que teve grande repercussão na imprensa, principalmente na *Gazeta Mercantil*, o diário mais lido pelas pessoas de negócios, acabou consolidando a minha fama de advogado de acionistas minoritários. Brigas de irmãos, cunhados e filhos tornaram-se comuns em meu dia a dia profissional. Cada uma delas a seu tempo. Sempre gostei de me concentrar em um caso apenas, uma vez que cada um sempre guardava uma complexidade própria.

Naquele tempo, a procura por remédios judiciais para um acionista ou cotista minoritário poder receber um valor razoável por sua participação era árdua. Geralmente, esses acertos eram feitos através de um acordo em que o majoritário se obrigava a pagar dividendos ou aluguéis por imóveis usados pela empresa, a fim de solucionar a questão judicial. A confusão era grande, pois a Lei 8.404, que regulou as sociedades por ações, embora muito boa, não trazia todos os dispositivos que, mais tarde, com sua regulamentação completa, vieram a contemplar melhores frutos para o acionista minoritário e limitar os poderes do majoritário.

Um grande amigo meu, Alberto Venâncio Filho[18], sócio do conceituado escritório de advocacia carioca Bulhões Pedreira (cujo titular foi o principal autor da Lei 8.404), foi responsável por uma de minhas grandes alegrias na carreira. Ele um dia pediu-me que lhe relatasse os casos de disputas societárias tocados por meu escritório, para repassá-los ao Dr. Bulhões, que estava escrevendo um livro alusivo aos dez anos de vigência da lei. Eu lhe forneci os dados. Algum tempo depois, ele me ligou para dizer que havia feito a mesma enquete com diversos escritórios e que o meu era o que exibia o maior número de contendas judiciais de natureza societária nos dez primeiros anos de promulgação desta lei. Fiquei surpreso, mas extremamente orgulhoso com a notícia.

Dessa forma, fui procurado por muitos acionistas minoritários para guiá-los em suas defesas. Eram, em geral, filhos de um dos criadores da empresa, irmãos de seu controlador ou descendentes de um associado que, com seu trabalho ou capital, contribuíra para que a empresa aumentasse o seu valor. Não era como hoje, em que o acionista fundador da empresa pode contar com o auxílio de sociedades especiais, que apoiam a capitalização da empresa com aporte de novos acionistas que acreditam no negócio, mas saem dela sem nenhum problema quando julgam que a empresa alcançou um bom valor.

---

[18] Usei a qualificação "grande amigo", pois ela é a mais pura verdade. No dia em que perdi meu filho Marcelo, Alberto Venâncio Filho foi o primeiro a chegar à minha casa. Pegou um voo do Rio para São Paulo apenas com a roupa do corpo para me dar apoio e passou o dia inteiro comigo; há gestos que jamais devem ser esquecidos.

Nesse período, no entanto, tive diversos clientes que estavam sendo prejudicados pelo controlador que, na maioria das vezes, considerando que a empresa seria boa apenas para ele, em vez de distribuir os lucros decorrentes de sua atividade, conseguia obter rendimentos para si, disfarçados em salários, bonificações e outros expedientes com os quais o lucro alcançado não saía de sua conta bancária. Em um desses casos, por exemplo, a empresa emprestava gratuitamente mão de obra e equipamentos para ser usados em trabalhos na fazenda de propriedade do majoritário. São inúmeras as formas pelas quais um sócio majoritário consegue tirar proveito dessa sociedade que considera como sua. Aí entra a imaginação do controlador, que exerce por si ou por outras pessoas (que eu chamaria de comparsas), mesmo elas não sendo acionistas da empresa, meios para se apropriar de seus lucros, sempre que ela é mal fiscalizada pelos minoritários.

Em praticamente todos os casos de acionistas minoritários em que atuei pelo meu escritório, utilizei os serviços de um único perito judicial. Ele trabalhava por resultado, ganhando, em caso de vitória, entre 10% e 20% daquilo que eu, como advogado, receberia do cliente. Tudo sempre no risco, não podia exigir pagamentos de honorários de clientes que só teriam o dinheiro se ganhássemos o caso. A postura desse perito, já meio idoso e com um corpanzil impressionante, que tinha o costume de trabalhar por indicação do juiz, e sua experiência em examinar uma contabilidade viciada davam a ele uma enorme capacidade para descobrir todas as falcatruas perpetradas pelo controlador. Toda descoberta relevante que ele fazia nesse território era repassada para mim imediatamente. Lembro-me do caso que ele me informou de um controlador que estava utilizando em benefício próprio mão de obra e materiais para construções particulares. O perito me deu essa informação acompanhada de provas que ele conseguira obter num único dia. Essa descoberta fez com que o controlador me procurasse dias depois para um encontro, que acabou resultando em um belo acordo, altamente favorável aos meus clientes.

Tempos depois que esse perito trabalhou para meus clientes, recebi seu convite para visitá-lo na cidade de Campos do Jordão. Fui encontrá-lo num fim de semana e ele, visivelmente comovido enquanto me mostrava sua plantação no grande terreno da casa, me disse que tudo aquilo que eu via era resultado dos honorários que havia recebido de mim. Pena que atualmente não haja muitos casos como esses, mas eles foram extremamente comuns entre as décadas de 1970 e 1990.

Capítulo 27

O cartel de sobrevivência

Por muito tempo, o álcool, como combustível no Brasil, teve preços administrados pelo governo em troca de subsídios à produção que foram criados pelo Proálcool, em novembro de 1975. Em 1990, durante o governo de Fernando Henrique Cardoso, isso mudou, pois o governo liberou os preços com o singelo argumento de que todos deveriam se arrumar na concorrência.

As poucas grandes distribuidoras do combustível (Shell, Esso e Petrobras), então, passaram automaticamente a fazer um movimento para pagar menos, o que acabou levando a sucessivas quedas no preço do produto, resultando de 36 até 12 centavos por litro, já que não era seu negócio principal a venda de álcool. Nessa ocasião, eu era advogado da Esso e tive que renunciar às procurações que recebera por evidente conflito de interesses, uma vez que eu iria indiretamente litigar contra as grandes distribuidoras.

Primeiro, sob a coordenação da Coopersucar, fizemos um acordo entre os usineiros para congelar uma parte da produção, resguardando seus estoques, para que o preço do produto voltasse a subir. Isso, porém, não foi suficiente para o retorno do preço aos níveis anteriores, motivo pelo qual criamos uma sociedade de todos ou quase todos os produtores de álcool para a venda conjunta do produto a um preço razoável.

Em defesa do segmento, e com a procuração de mais de 95% dos produtores, criamos essa única empresa vendedora do produto e apresentamos ao CADE. Adotei, dessa maneira, a expressão "cartel de sobrevivência", pois precisávamos preservar os enormes investimentos feitos até ali pelo governo e pelos produtores. Queríamos evitar que centenas de milhares de trabalhadores perdessem seus empregos nas lavouras de cana, especialmente no estado de São Paulo. Na primeira fase do processo, voltei com más notícias, pois o secretário de Defesa Econômica do Ministério da Fazenda, Dr. Claudio Considera, se opôs à tese do cartel de sobrevivência para o setor.[19]

Mesmo assim, não deu outra! Vencemos o julgamento por 4 a 1. Minha tese do cartel de sobrevivência prevaleceu por causa da força do setor. Eu tomara contato com essa tese através de uma notícia nos jornais e depois estudando a legislação e jurisprudência japonesas, que me revelaram o precedente de uma siderúrgica nipônica. Eu já havia criado o IBRAC e nele fizemos, em São Paulo, uma conferência com advogados e empresários japoneses integrantes do FTC (órgão semelhante ao CADE do Japão, que tinha o mesmo nome de seu equivalente norte-americano). Comecei a discutir o caso dos usineiros com os participantes desse seminário.

Na noite desse mesmo dia, fomos todos, os japoneses e eu, para Brasília, por coincidência no mesmo voo. No aeroporto do Distrito Federal, o próprio presidente do FTC japonês me deu uma carona em seu carro. Quando chegamos à Esplanada dos Ministérios, os carros pararam e muitos japoneses desceram e ficaram emocionados com a beleza da arquitetura de Brasília.

— Nunca vi nada parecido em toda a minha vida — disse-me o presidente do FTC.

Eles ficaram absolutamente fascinados por aquela arquitetura, quase irreal de tão moderna. Em Brasília houve uma segunda

---

[19] O secretário de Defesa Econômica até se valeu de um argumento particularíssimo, ao dizer que sua filha tinha um carro a álcool que nunca conseguia dar a partida nas manhãs. Fui explicar esse quadro aos usineiros, que todas as segundas-feiras se reuniam no *Edifício Dacon*, em São Paulo, para discutir questões de seu segmento. No mesmo dia, à noite, me encontrei, por acaso, com os mesmos usineiros no restaurante paulistano *La Tambouille*. Por coincidência, eu estava com minha então namorada, uma mulher muito bonita. O empresário Rubens Ometo, conhecido como Rubinho e um dos expoentes do grupo, sempre muito brincalhão, me disse, em voz bem alta, de sua mesa, um tanto distante da minha, que eu "deveria tomar cuidado, pois Claudio Considera, o secretário de Defesa Econômica poderia estar chegando ao restaurante". Uma piada, claro. Na saída, fiz questão de, ao passar pela mesa de Rubinho, dizer-lhe que, na companhia de uma mulher tão bonita, eu não iria perder tempo com a eventual chegada do secretário e, muito menos, com a conversa de uma mesa cheia de marmanjos.

conferência em que os japoneses, provocados por mim, abordaram o exemplo do FTC no caso das siderúrgicas em má situação financeira e que foram apoiadas pelo órgão concorrencial japonês, após terem formado um cartel de vendas para sobreviver à pressão das indústrias automotivas e de construção civil. Essa coincidência da vinda dos japoneses nos ajudou bastante perante as autoridades brasileiras. Consegui, nesse caso, um parecer do ministro Celso Lafer, das Relações Exteriores, que foi frontalmente contrário ao outro, assinado pelo Secretário de Defesa Econômica. Ele teve grande peso para que vencêssemos a disputa no CADE.

Esse é um dos casos de que mais me orgulho em toda a minha carreira, pois, além do reconhecimento, minha satisfação também adveio do fato de ter participado da criação de um cartel de sobrevivência através da venda conjunta de álcool para os poucos compradores, com a qual salvamos esse grupo integrado por cerca de cem usineiros. Para comemorar a vitória, e a volta dos preços razoáveis, como os que eram administrados pelo governo, um grupo de usinas, capitaneado pela Coopersucar, promoveu um belíssimo show na Sala São Paulo. Foi uma festa muito bonita na qual os representantes da categoria comemoraram efusivamente a garantia da sobrevivência de seu setor.

Alguns meses após essa vitória marcante, estava visitando amigos em Ilhabela, para onde eu ia com muita frequência, e um dos presentes no encontro era um usineiro, que me perguntou se eu era o doutor Magalhães, que tratou das vendas conjuntas para os distribuidores de combustíveis. Diante de minha confirmação, ele emendou que eu havia salvado o seu negócio e a sua família. Disse até que tinha vontade de ficar de joelhos para me agradecer. Fiquei emocionado e até um tanto sem jeito. A advocacia tem desses momentos que nos fazem adorar a nossa profissão; mas que, ao mesmo tempo, nos deixam um tanto perplexos, como que sentindo um estranho constrangimento pelo sucesso alcançado.

Capítulo 28

Kolynos: a guerra dos sorrisos

No final de 1995, eu estava na praia, durante um fim de semana, quando esse caso estourou. A Kolynos, uma marca criada no Brasil em 1908, seria comprada pela Colgate Palmolive, uma gigante americana de produtos de higiene pessoal, que oferecia um preço altíssimo pela aquisição, de olho muito mais no robusto *share* da empresa do que pelos equipamentos e pelo know-how que essa companhia havia acumulado em suas décadas de Brasil. Eu ficava revoltado com casos como esse, em que por muitos anos executivos e empregados brasileiros haviam contribuído para uma empresa de capital externo de um valor inexpressivo passar a valer milhares de vezes esse capital trazido para o Brasil e, no caso de uma venda para outra multinacional, toda essa valorização não ser contabilizada ou precificada por ocasião da venda e sequer ser exigido o imposto de renda sobre a receita de valorização da empresa. Isso me soa como uma ofensa aos executivos, funcionários e consumidores de produtos da empresa brasileira, os verdadeiros responsáveis por sua valorização. Não fui, não sou e nunca serei esquerdista por causa desse ponto de vista que, na minha opinião, apenas denota uma visão patriótica de nossa economia.

Fui contratado pelos advogados da Procter & Gamble, após uma conversa preliminar pelo celular quando estava na estrada para São Paulo, para impugnar a venda. Juntas, Colgate e Kolynos formariam um quase monopólio, com mais de 70% de *share* no mercado brasileiro. A Procter, por sua vez, pretendia entrar no mercado brasileiro com a sua marca Crest, mas logo se deu conta de que não conseguiria decolar com uma concorrente quase dominante do mercado. Uma conselheira do CADE, que era relatora do caso, então me disse:

— Por que os senhores não abrem uma fábrica no Brasil para concorrer com a Colgate Palmolive, em vez de ficar apenas impugnando a compra da Kolynos?

— Essa hipótese não faz parte dos planos estratégicos de meu cliente — foi a minha resposta à conselheira, que deveria entender, principalmente por força de seu cargo, quão difícil é entrar em um mercado praticamente dominado por uma empresa quase monopolista.

A compra não foi revertida. Na fase final do processo, porém, conseguimos que eles perdessem o uso da marca Kolynos (uma palavra latina derivada de *collino*, que significa friccionar ou esfregar, e também sorriso) e adotassem outra, por quatro anos. A Colgate passou então a utilizar a marca Sorriso, que, no entanto, foi apresentada como "fabricada pela Kolynos do Brasil". Depois, com muita dificuldade, consegui anular também essa utilização na embalagem da marca Kolynos como fabricante.

Eu havia acertado ótimos honorários caso a venda fosse anulada e a Kolynos pudesse ser comprada pela Procter & Gamble. Como não foi, recebi a metade por ter retirado a marca Kolynos de circulação. Foi uma batalha que durou quase dois anos. A Procter decidiu, assim, montar sua fábrica na Venezuela – e, pelo que soube posteriormente, se deu muito mal. Pena que a decisão do CADE influenciou muito essa retirada da intenção da Procter & Gamble de investir no Brasil, o que, sem dúvida, teria gerado um grande incremento da concorrência no caudaloso segmento de produtos de uso diário, tão importante para a saúde.

Meu pai (aos 6 anos), meu tio Sinhô e minha tia Sinhazinha que veio a se casar com seu primo Vital Brazil

Meu pai

Colegas da Faculdade de Medicina de Genebra (meu pai é o mais alto)

Meu pai, em 1917, com amigos em carro comprado em condomínio

Minha mãe, Maria do Rosário e minha irmâ Myrian.
Ao fundo meu pai

Vitalina Vital Brazil,
uma paixão frustada
de meu pai

Escola Elvira Brandão (Primário, 3.ª fila, 3.º da esquerda para a direita. 1946

José, meu pai, Myriam, Eu, Minha mãe, Raul e Tarcísio

Minha mãe e meu pai

Meu tio Sinhô Tarcísio

Turma do Ginásio do Colégio São Luis (ao lado esquerdo do professor na primeira fila)

Turma da Faculdade de Direito do Mackenzie comemorando 5 anos de formatura (primeiro da fila direita)

Amigos do Colégio São Luiz: Regis, Orlando Bube e eu

Escola de aviação. Eu e Antonio Rezende

Eu e Ricardo Mariz de Oliveira, 1957

Candidato a Presidente do Centro Acadêmico, 1963

Romiseta

Marcelo e Pelé , 1981

Casinha de 6 m2 que fiz para Lucinha em 1982

Marelo e Lúcia em Bariloche, 1986

Marcelo em París no bicentenário da Revolução Francesa, 1991

Marcelo e namorada, 1991

Casamento da Lucia

Familia do noivo

Eu e Tarcísio

Algumas características de meu signo

Algumas características de meu signo

Muitos anos solteiro

La femme sans face, Yves Aubry

Eu, Lucia e Kirsten

Marlin pescado em 2014. Pesquei muitos outros mas dovolvi todos ao mar

Lucia, eu e Simona

ATA DE ASSEMBLéIA GERAL DE CONSTITUIÇãO DE ASSOCIAÇãO CIVIL, SEM FINS LUCRATIVOS, DENOMINADA "INSTITUTO BRASILEIRO DE ESTUDOS DAS RELAÇÕES DE CONCORRENCIA E DE CONSUMO - IBRAC".

Aos quatro dias do mês de dezembro de 1992, as 10:00 horas, nesta Capital de São Paulo, na Rua Alexandre Dumas nº 2.200, reuniram-se em Assembleia Geral de Constituição, os FUNDADORES da Associação Civil, a seguir nomeados e qualificados: (1) **CARLOS FRANCISCO DE MAGALHãES**, brasileiro, divorciado, advogado, RG nº 2.286.130-SSP/SP, CIC nº 001.668.208-48, residente e domiciliado em São Paulo, Capital, com escritório na Rua Armando Penteado nº 304; (2) **JOSé INACIO GONZAGA FRANCESCHINI**, brasileiro, casado, advogado, RG nº 3.805.064, CIC nº 197.426.148-49, residente e domiciliado em São Paulo, Capital, na Rua Marjorie Prado, 250 - Jd. Marajoara; (3) **JOSé DEL CHIARO FERREIRA DA ROSA**, brasileiro, divorciado, advogado, RG nº 6.125.603, CIC nº 946.904.568-87, residente e domiciliado em São Paulo, Capital, na Rua Tuim, 468, apto. 31 - Moema; (4) **LUIZ ANTONIO COSTA SANTOS**, brasileiro, separado judicialmente, economista, RG nº 4.551.284, CIC nº 524.657.568-34, residente e domiciliado em São Paulo, Capital, na Rua Piauí, 595, 1º andar; (5) **AURéLIO CORBIOLI JúNIOR**, brasileiro, casado, advogado, RG nº 3.092.420, CIC nº 041.623.078-49, residente e domiciliado em São Paulo, Capital, na Rua Basilio da Cunha, 889, apto. 131;

- 1 -

Ata de fundação do IBRAC, dezembro de 1992

ENTREVISTA

Abaixo os cartéis

Enquanto o Cade julga os acordos milionários de empresas, o seu presidente Gesner Oliveira surge como o polêmico guardião da livre concorrência no País

ÁLVARO ALMEIDA E ADRIANA CHIARINI

A aparência do economista Gesner Oliveira, 40 anos, engana. Polido, de fala mansa e gestos controlados, ele não é do tipo que dá soco na mesa e diz que faz e acontece. Mas o que tem feito como presidente do Conselho Administrativo de Defesa Econômica, o Cade, tem dado o que falar. Responsável por garantir a livre concorrência em tempos de desembarque maciço de investimentos no País, a agência ganhou mais notoriedade no último ano do que nos seus 35 de existência. Com invejável independência, enfrentou grupos econômicos, como Gerdau, Brahma e Antarctica, suspendeu a famosa marca Kolynos do mercado e ainda promete investir contra todo e qualquer cartel. Leia-se: empresas aéreas, planos de saúde, montadoras...

Como o ministro da Fazenda, Pedro Malan, passou pela Universidade de Berkeley, nos Estados Unidos, e entrou no governo em 1993 para substituir Gustavo Franco, que havia trocado a função de adjunto do secretário de Política Econômica pela área externa do Banco Central. Quando assumiu o Cade, eram julgados em média 2,3 processos por mês, hoje são mais de 30. Mas engana-se quem confunde Gesner Oliveira com um defensor dos fracos e oprimidos do mundo dos negócios. "O Cade prioriza a eficiência, a produtividade, a modernidade, conceitos que somente são alcançados num mercado competitivo", explica. Sobre as pressões dos empresários, diz com voz serena: "Não tenho medo de cara feia."

Gesner Oliveira: "Ainda há vários setores onde a competição não impera"

ROBERTO JAYME

ISTOÉ – *Dá trabalho defender a livre concorrência no Brasil de hoje?*

Gesner Oliveira – A defesa da livre concorrência é um trabalho para uma jornada de 15 horas diárias, mas isso faz parte de uma economia em processo de globalização, da modernização de uma estrutura que durante décadas era fechada, com muitas reservas de mercado, onde o próprio Estado era organizador de cartéis através do CIP (Conselho Interministerial de Preços). Por isso, é natural que a cultura de concorrência no Brasil não seja muito desenvolvida. Mas já avançamos enormemente. Há pouco tempo existia uma grande resistência em se pensar no problema da concorrência e hoje essa já é uma questão presente nas discussões do governo e do empresariado.

ISTOÉ – *Mas ainda temos muitos cartéis...*

Oliveira – Sim. Há vários setores onde a concorrência ainda não impera. Eu acho que um dos avanços da Lei 8.884 (*chamada Antitruste, foi criada em 1994 e protege a livre concorrência no País*) é não distinguir a empresa pública da privada. Até então era muito difícil aplicar no setor público os critérios de defesa da livre concorrência. Todas as áreas que têm uma regulamentação antiga devem se preocupar com essa questão. Por exemplo: na aviação civil, é preciso verificar em que medida pode haver mais incentivo à concorrência.

ISTOÉ – *Nesse caso, o próprio governo não estimula a formação de um cartel ao estabelecer o reajuste das tarifas?*

Oliveira – De fato, essa regulamentação não parece ser a mais adequada. Mas é preciso ser muito cauteloso, pois não adianta promover uma desregulamentação selvagem. Seria preciso fazer um estudo para verificar como nossas tarifas se comportam em relação às do Exterior. Se há uma grande discrepância, e aparentemente há, precisamos investigar porque ela ocorre. Será que nós temos sérios problemas de escala? Não seria o caso de se pensar numa

Continua na pág.6

O xerife da concorrência

Eu e Ivan Lins em festa promovida em minha casa

Toquinho em festa promovida em minha casa

Crachá do Camarote 1 da Brahma

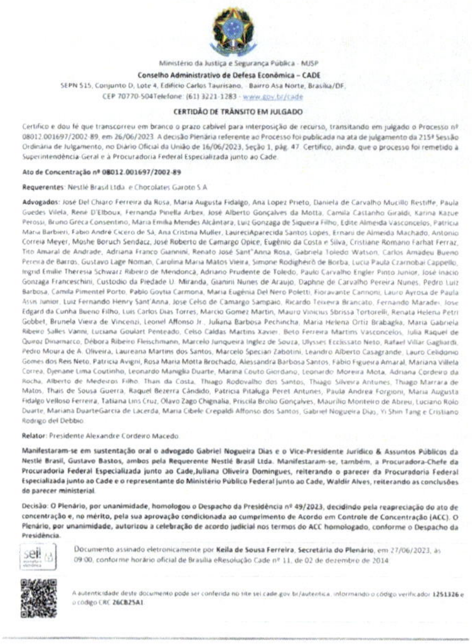

Ministério da Justiça e Segurança Pública - MJSP
Conselho Administrativo de Defesa Econômica – CADE
SEPN 515, Conjunto D, Lote 4, Edifício Carlos Taurisano, - Bairro Asa Norte, Brasília/DF,
CEP 70770-504Telefone: (61) 3221-1283 - www.gov.br/cade

CERTIDÃO DE TRÂNSITO EM JULGADO

Certifico e dou fé que transcorreu em branco o prazo cabível para interposição de recurso, transitando em julgado o Processo nº 08012.001697/2002-89, em 26/06/2023. A decisão Plenária referente ao Processo foi publicada na ata de julgamento da 215ª Sessão Ordinária de Julgamento, no Diário Oficial da União de 16/06/2023, Seção 1, pág. 47. Certifico, ainda, que o processo foi remetido à Superintendência-Geral e à Procuradoria Federal Especializada junto ao Cade.

Ato de Concentração nº 08012.001697/2002-89

Requerentes: Nestlé Brasil Ltda. e Chocolates Garoto S.A.

Advogados: José Del Chiaro Ferreira da Rosa, Maria Augusta Fidalgo, Ana Lopez Prieto, Daniela de Carvalho Mucillo Restiffe, Paula Guedes Vilela, René D'Elboux, Fernanda Pinella Arbex, José Alberto Gonçalves da Motta, Camila Castanho Giraldi, Karina Kazue Perossi, Bruno Greca Consentino, Maria Emília Mendes Alcântara, Luiz Gonzaga de Siqueira Filho, Edite Almeida Vasconcelos, Patrícia Maria Barbieri, Fabio André Cicero de Sá, Ana Cristina Muller, LaureciAparecida Santos Lopes, Ernani de Almeida Machado, Antonio Correia Meyer, Moshe Boruch Sendacz, José Roberto de Camargo Opice, Eugênio da Costa e Silva, Cristiane Romano Farhat Ferraz, Tito Amaral de Andrade, Adriana Franco Giannini, Renato José Sant"Anna Rosa, Gabriela Toledo Watson, Carlos Amadeu Bueno Pereira de Barros, Gustavo Lage Noman, Carolina Maria Matos Vieira, Simone Rodigheirô de Borba, Lucia Paula Czarnobai Cappello, Ingrid Emilie Theresia Schwarz Ribeiro de Mendonça, Adriano Prudente de Toledo, Paulo Carvalho Engler Pinto Junior, José Inacio Gonzaga Franceschini, Custodio da Piedade U. Miranda, Gianini Nunes de Araujo, Daphne de Carvalho Pereira Nunes, Pedro Luiz Barbosa, Camila Pimentel Porto, Pablo Goytia Carmona, Maria Eugênia Del Nero Poletti, Fioravante Cannoni, Lauro Ayrosa de Paula Assis Junior, Luiz Fernando Henry Sant'Anna, Jose Celso de Camargo Sampaio, Ricardo Teixeira Brancato, Fernando Marade, Jose Edgard da Cunha Bueno Filho, Luis Carlos Dias Torres, Marcio Gomez Martin, Mauro Vinicius Sbrissa Tortorelli, Renata Helena Petri Gobbet, Brunela Vieira de Vincenzi, Leonel Affonso Jr., Juliana Barbosa Pechincha, Maria Helena Ortiz Brabaglia, Maria Gabriela Ribeiro Salles Vanni, Luciana Goulart Penteado, Celso Caldas Martins Xavier, Beto Ferreira Martins Vasconcelos, Julia Raquel de Quiroz Dinamarco, Débora Ribeiro Fleischmann, Marcelo Junqueira Inglez de Souza, Ulysses Ecclissato Neto, Rafael Villar Gagliardi, Pedro Moura de A. Oliveira, Laureana Martins dos Santos, Marcelo Specian Zabotini, Leandro Alberto Casagrande, Lauro Celidonio Gomes dos Reis Neto, Patricia Avigni, Rosa Maria Motta Brochado, Alessandra Barbosa Santos, Fábio Figueira Amaral, Mariana Villela Correa, Djenane Lima Coutinho, Leonardo Maniglia Duarte, Marina Couto Giordano, Leonardo Moreira Mota, Adriana Cordeiro da Rocha, Alberto de Medeiros Filho, Thaís da Costa, Thiago Rodovalho dos Santos, Thiago Silveira Antunes, Thiago Marrara de Matos, Thaís de Sousa Guerra, Raquel Bezerra Cândido, Patricia Pitaluga Peret Antunes, Paula Andrea Forgioni, Maria Augusta Fidalgo Velloso Ferreira, Tatiana Lins Cruz, Olavo Zago Chignalia, Priscila Brolio Gonçalves, Maurílio Monteiro de Abreu, Luciano Rolo Duarte, Mariana DuarteGarcia de Lacerda, Maria Cibele Crepaldi Affonso dos Santos, Gabriel Nogueira Dias, Yi Shin Tang e Cristiano Rodrigo del Debbio.

Relator: Presidente Alexandre Cordeiro Macedo.

Manifestaram-se em sustentação oral o advogado Gabriel Nogueira Dias e o Vice-Presidente Jurídico & Assuntos Públicos da Nestlé Brasil, Gustavo Bastos, ambos pela Requerente Nestlé Brasil Ltda. Manifestaram-se, também, a Procuradora-Chefe da Procuradoria Federal Especializada junto ao Cade,Juliana Oliveira Domingues, reiterando o parecer da Procuradoria Federal Especializada junto ao Cade e o representante do Ministério Público Federal junto ao Cade, Waldir Alves, reiterando as conclusões do parecer ministerial.

Decisão: **O Plenário, por unanimidade, homologou o Despacho da Presidência nº 49/2023, decidindo pela reapreciação do ato de concentração e, no mérito, pela sua aprovação condicionada ao cumprimento de Acordo em Controle de Concentração (ACC). O Plenário, por unanimidade, autorizou a celebração de acordo judicial nos termos do ACC homologado, conforme o Despacho da Presidência.**

Documento assinado eletronicamente por **Keila de Sousa Ferreira**, **Secretária do Plenário**, em 27/06/2023, às 09:00, conforme horário oficial de Brasília eResolução Cade nº 11, de 02 de dezembro de 2014.

A autenticidade deste documento pode ser conferida no site sei.cade.gov.br/autentica, informando o código verificador **1251326** e o código CRC **26CB25A1**.

SUPERIOR TRIBUNAL DE JUSTIÇA

Acordo no AGRAVO EM RECURSO ESPECIAL Nº 2274165 - DF (2023/0002197-2)

RELATOR	:	**MINISTRO PAULO SÉRGIO DOMINGUES**
AGRAVANTE	:	CONSELHO ADMINISTRATIVO DE DEFESA ECONÔMICA-CADE
AGRAVADO	:	NESTLE BRASIL LTDA
AGRAVADO	:	CHOCOLATES GAROTO S/A
ADVOGADOS	:	GUSTAVO HENRIQUE CAPUTO BASTOS - DF007383 CARLOS FRANCISCO DE MAGALHÃES - SP017345 RAQUEL BEZERRA CÂNDIDO AMARAL LEITÃO - DF015937 BEATRIZ DONAIRE DE MELLO E OLIVEIRA - DF015315 CRISTIANO RODRIGO DEL DEBBIO - SP173605 ANA CAROLINA ANDRADA ARRAIS CAPUTO BASTOS - DF026891 GABRIEL NOGUEIRA DIAS - SP221632 CARLOS EDUARDO CAPUTO BASTOS - DF002462
INTERES.	:	SINDICATO TRABALHADORES EM ALIMENTACAO E AFINS DO E E S

DECISÃO

Com fundamento no art. 487, III, "b", do CPC, HOMOLOGO a transação noticiada pelas partes por meio das petições de fls. 5.326/5.337 e fls. 5.338/5.350, resolvendo o mérito e encerrando a fase de conhecimento do processo.

Custas e honorários ficam disciplinados nos termos do acordo homologado.

Não havendo impugnações, certifique-se o trânsito em julgado e restituam-se os autos ao Juízo de origem.

Publique-se. Intimem-se.

Brasília, 28 de junho de 2023.

Ministro PAULO SÉRGIO DOMINGUES
Relator

Edição nº 3665 - Brasília, Disponibilização: quarta-feira, 28 de junho de 2023 Publicação: quinta-feira, 29 de junho de 2023
Documento eletrônico VDA37491332 assinado eletronicamente nos termos do Art.1º §2º inciso III da Lei 11.419/2006
Signatário(a): PAULO SÉRGIO DOMINGUES Assinado em: 28/06/2023 14:51:06
Publicação no DJe/STJ nº 3665 de 29/06/2023 (Aguardando confirmação da publicação). Código de Controle do Documento: 31ad99fb-77d3-46b0-add0-c46514a09997

Decisão final do caso Garoto - Nestle

O golfinho assassino, 1994

Meu casamento com Henriqueta

Henriqueta e eu no carnaval no Copacabana Palace

Eu Henriqueta e meus netos

Meu hobby de toda a vida - marcenaria

Bico de pena do jornal
Gazeta Mercantil

Homenagem que o IBRAC me fez em 2022
por ocasião dos 30 anos de sua fundação

Capítulo 29

A Bombril e o Menino Jesus

Com os ganhos de sua palha de aço, cujos comerciais de TV eram protagonizados pelo ator Carlinhos Moreno, sob o *slogan* 1001 utilidades, a Bombril decidiu investir no ramo de detergentes e lançar o Limpol, um detergente líquido. Uma outra empresa brasileira concorrente, a Orniex, pediu a impugnação do lançamento no CADE, alegando que a Bombril vendia o produto Limpol abaixo do valor de custo.

A Bombril, minha cliente, defendeu-se munida de vários argumentos. O principal deles era que seu produto tinha os preços regidos pelo CIP (Conselho Interministerial de Preços). No CADE, fui perdendo, um a um, os três primeiros votos, que foram dados em sucessivas reuniões mensais do Conselho. Os diretores da Bombril, diante desses votos iniciais contrários, me cobraram um bocado. Diziam que "eu era o Menino Jesus por não acreditar que o caso estivesse perdido". Nunca me esquecerei dessa pobre observação.

Não desanimei, pois não desanimo nunca. Sou teimoso. Fui falar com o Dr. George Marcondes Coelho de Souza, excelente professor e jurista, que havia sido meu mestre de Direito Comercial e que daria o quarto voto no CADE, onde era conselheiro. Eu tinha quase certeza de que ele se posicionaria pela absolvição, pois a Bombril não estava fazendo nada de errado ao vender o Limpol pelo preço máximo, já que o preço era estabelecido pelo CIP. Eu também estava certo de que o voto do presidente do CADE, Dr. Werter Rotunno Faria, também nos seria favorável, pois estava claro que ele, como presidente do CADE, não gostaria de ver uma decisão do Conselho ser derrubada judicialmente, como eu disse que tentaria em caso de insucesso no Conselho. Eu estava convencido de que o Dr. Werter até mesmo se esforçaria para mudar um dos três votos contrários à Bombril proferidos até ali.

Sempre sob o argumento de que os preços de detergentes eram administrados pelo Conselho Interministerial de Preços (CIP), acabamos revertendo esse placar para três a dois. Ganhamos de virada, como se diz nos jogos de futebol, e com direito a voto favorável do próprio presidente do órgão regulador. Esse caso ganhou muita visibilidade, pois a Bombril era uma empresa poderosíssima e, pouco tempo depois, acabou comprando a concorrente que a confrontara, cujos acionistas migraram para outro ramo.

Após a compra da Orniex pela Bombril, ambas as empresas foram vendidas para um grupo italiano cujo principal acionista foi implicado na operação mãos limpas e resolveu vender as duas empresas para a Procter & Gamble, nossa cliente habitual que estava entrando nesses segmentos industriais no Brasil. A operação foi autorizada pelo CADE.

Capítulo 30

A Autolatina e as restrições à concorrência

A Ford estava desanimada com o desempenho de suas vendas no Brasil quando a Volkswagen decidiu propor uma fusão das duas empresas que resultaria na Autolatina. Zélia Cardoso de Mello, que era ministra da Economia de Collor (de março de 1990 a maio de 1991), era contrária, pois não via com bons olhos a Volkswagen, que já detinha mais da metade da frota nacional de veículos, tornar-se quase monopolista se concretizada a fusão. Zélia estava decidida a impugnar a criação da Autolatina e recorreu ao então ministro da Justiça, Bernardo Cabral, em busca de apoio para mudar a legislação, que até então não era contra as fusões por força de um decreto que regulamentou a Lei 4.137/62 e dispensava a intervenção do CADE. Detalhe: esse fato e os que seguem eu vim a saber pouco depois.

Um dia, caminhando pelos corredores do Ministério da Justiça, fui abordado por um funcionário do secretário de Defesa Econômica, para que eu fosse falar com o seu chefe. Chegando, o secretário, Dr. José Del Chiaro Ferreira da Rosa, me disse que pretendia levar à frente a reorganização do CADE e pediu que eu me sentasse ali mesmo e ditasse uma minuta de um projeto abordando a questão das fusões, conforme um anteprojeto que eu já havia formulado, que obrigava a apresentação ao CADE dos atos jurídicos de fusões.

Respondi que não poderia fazer isso, pois teria um compromisso em São Paulo naquela mesma noite, mas que no dia seguinte enviaria a minuta com uma redação atualizada.

No dia seguinte, quando cheguei ao escritório, já havia um telefonema do Dr. José Del Chiaro. Em duas horas redigi o anteprojeto e o enviei ao Ministério da Justiça na própria quinta-feira.

Na segunda-feira seguinte, fui à casa de Maria Pia Matarazzo tratar do inventário de seu pai, junto com outros advogados e diretores do Grupo Matarazzo. Suas empresas estavam estranguladas por dívidas, e Maria Pia aguardava com enorme ansiedade o telefonema de um de seus diretores que estava em tratativas com um banqueiro norte-americano que lhe daria, naquela manhã, a palavra final sobre um empréstimo salvador das companhias.

O telefone tocou e Maria Pia me disse para atendê-lo, pois não se sentia disposta para ouvir uma negativa ao pedido de empréstimo.

Atendi. Do outro lado estava o Mazzili, diretor do grupo Matarazzo (IRFM) e filho de Pascoal Ranieri Mazzilli, ex-presidente interino do Brasil por ocasião da queda do presidente João Goulart, em 1964. Aguçando ainda mais a nossa expectativa quanto ao sim ou não para o empréstimo, ele me disse que, antes de tratar desse assunto, tinha de me contar uma outra história, muitíssimo interessante:

> — Preciso te contar uma coisa. É algo sério, que envolve uma pessoa da sua profissão (advogado) e da minha (economista).

— Me conte logo! — eu respondi, um tanto impaciente.

Ele me disse, após muita insistência, que tinha visto, na noite anterior, os ministros Zélia Cardoso de Mello e Bernardo Cabral (Economia e Justiça, respectivamente) aos beijos, enquanto caminhavam pela 5ª Avenida, em Nova York. O caso veio à tona em dois dias, pela imprensa, provocando um vendaval no governo e na opinião pública. Embora Zélia fosse solteira, Cabral era casado. Naquela manhã também estava presente a esse encontro um amigo e colega advogado, o Dr. Márcio Thomaz Bastos, que havia sucedido Bernardo Cabral na presidência da OAB nacional e de quem ficara muito amigo. Thomaz Bastos não se espantou nem um pouco com o romance de Cabral.

— Ele é isso mesmo: um conquistador, dançarino de tangos e apaixonado. Foi essa a sua definição do colega.

Resumo da ópera: o empréstimo da Matarazzo não saiu; mas, no dia seguinte, meu anteprojeto virou lei (no bojo de uma medida provisória). Apesar da mudança da legislação, com a obrigatoriedade de se submeterem as fusões ao CADE, foi dada uma decisão que alinhou a legislação brasileira à nova realidade econômica trazida pela globalização, com a fusão de muitas empresas com rivais em meio à forte consolidação de seus segmentos. Visto hoje em retrospectiva, essa mudança de entendimento decorria do avanço, particularmente nos Estados Unidos, da escola econômica neoliberal, que defendia o mínimo de intervenção do estado e o máximo de liberdade para os agentes econômicos. Agências como CADE, inspiradas na FTC americana, eram a forma de redefinir essas novas fronteiras concorrenciais.

Também por esses dias, chegou ao meu escritório um repórter da revista Época, concorrente da *Veja*, que estava fazendo uma reportagem, com fotografias, sobre os "advogados milionários que atuavam no CADE". Não gostei dessa abordagem do repórter. Sempre fui um advogado *low profile* quando atuava em tribunal ou outro órgão público, até me vestindo com roupas mais batidas para não chamar a atenção.

Aceitei recebê-lo para justamente contestar esse tipo de reportagem com um viés um tanto malicioso, e disse-lhe que não tiraria fotografias. O fotógrafo deixou a sala e a entrevista foi demorada. Eu me lembro de haver repetido que, muito embora trabalhando com casos que envolviam multas ou fusões de valores assombrosos, minha função se equiparava a de muitas outras categorias, como a dos bancários, que trabalhavam com altas somas de dinheiro alheias, mas recebiam um salário que nem de longe se comparava às quantias vultosas com as quais lidava.

Encerrada a entrevista, me despedi do repórter dizendo que iria para casa almoçar. Fui então surpreendido pelo fotógrafo, que tirou diversas chapas da bela porta de ferro do escritório sendo aberta e fechada por mim. Falei com ele, o repórter, e com uma pessoa que parecia ser o motorista, para que fosse retirado o filme da máquina. Em vão. Na semana seguinte, verifiquei que a reportagem saiu com a minha foto em destaque e com um texto que também não trazia o que de melhor fora dito por mim sobre a importância para o país do trabalho do CADE, das pessoas que ali trabalhavam na defesa de causas e também nas que acusavam terceiros de irregularidades na livre concorrência.

Em face disso, escrevi uma carta à direção da revista dizendo que a reportagem se equivocara ao dizer das altas cifras que cobrávamos e sobre o grupo fechado de advogados que não existia, na verdade. Finalmente, apelei para o fato de que, ao exibirem a fachada do meu escritório, tornando-o facilmente identificável, a reportagem poderia nos expor a criminosos que julgassem que ganhávamos as tais cifras enormes mencionadas na matéria. Acrescentei, nessa carta, que já tivera uma tragédia na vida e não merecia outra.

Essa minha carta foi bem recebida e publicada na íntegra, possibilitando que eu mostrasse o desmentido ao CADE, onde muitas pessoas já haviam lido a reportagem, que prejudicava a minha imagem e de outros advogados que foram entrevistados e a quem a reportagem parecia ter agradado. Vaidade... Sempre a vaidade! A partir de então, redobrei a vigilância da casa do meu escritório, fiscalizando mais atentamente a entrada de estranhos.

Capítulo 31

Garoto: a fusão que durou 20 anos

Eu já era advogado da Nestlé, por volta do ano 2000, época em que seu presidente era o Sr. Ivan Zurita. Por ocasião da formação da Ambev, a Antarctica tinha uma fábrica no Espírito Santo que foi fechada. Os sindicatos dos empregados da empresa viram o risco de fechamento da fábrica da Garoto quando se falou na venda da tradicionalíssima fábrica de chocolates localizada no município de Vila Velha, no Espírito Santo.

"Vão fechar a Garoto", diziam os funcionários, frontalmente contra a venda. Eles espalharam cartazes pela cidade nos quais aparecia um garotinho chorando. Além disso, apelaram às autoridades do estado e senadores, exigindo sua interferência. Ou seja: deram ao caso uma dimensão política, o que acabou fazendo a Nestlé também enveredar por esse mesmo viés.

Um amigo meu era advogado da Lacta, então líder no mercado de chocolates. Quando formulamos ao CADE o pedido de compra da Garoto pela Nestlé, ele entrou de imediato com uma oposição ao pedido, pois havia dito à sua cliente que, se o órgão havia sido contrário à venda da Garoto para a Lacta, manteria essa decisão diante da oferta da Nestlé. Na verdade, quase todo mundo era contra a venda. A discussão chegou ao Senado e ganhou sérios contornos políticos, o que atrapalhou demais uma decisão favorável à compra da Garoto.

Por duas vezes renunciei ao processo pelo escritório, justamente pelo fato de a fusão ter sido politizada, mas acabei retomando-o. Após a morte do meu filho Marcelo, passei o caso para o meu então associado Tércio Sampaio Ferraz. Perdemos feio essa briga. No dia seguinte, o advogado que havia realizado a impugnação me ligou, tentando colocar panos quentes sobre o processo e me demover do prosseguimento da ação. Seus argumentos, porém, só reforçaram minhas convicções. Respondi que não fora eu que perdera o caso, mas sim um associado meu, e que agora eu havia avocado o processo para que o meu escritório não ficasse com a pecha de perdedor. Frisei que eu o assumiria pessoalmente, ingressando com recursos nas esferas administrativa e judicial. Decidi, em suma, mergulhar de cabeça nessa fusão.

Pedi ao Sr. Zurita, presidente da Nestlé, que viesse ao meu escritório para discutirmos esse caso dali em diante. Nessa reunião, disse-lhe que ainda venceríamos a disputa, mas que, para tanto, precisaríamos focar nossos esforços nas esferas administrativa e judicial, deixando de lado a defesa política que vinha sendo feita pela Nestlé (que adotara essa linha por causa da iniciativa dos funcionários da Garoto, certos de que ela seria fechada), e que fora responsável por nosso revés no CADE.

— Nós vamos reverter esse caso, eu lhe garanto — disse ao Sr. Zurita.

Fixei meus honorários em um valor bastante alto, caso obtivesse uma decisão favorável, fosse ela de natureza administrativa ou judicial. Trabalhei sem parar no Carnaval com uma nova equipe (que já incluía o meu genro Gabriel) e, dessa vez, não fiquei nos camarotes da Brahma, como fizera nos anos anteriores.

Algum tempo depois me pediram para ficar de prontidão em uma sala na sede da Nestlé. Lá chegando, fiquei um bom tempo na sala e então resolvi usar o banheiro e , qual não foi a minha surpresa ao ver, no corredor, saindo da sala do presidente da Nestlé, o ministro José Dirceu, então chefe da Casa Civil de Lula. Ele estava acompanhado por uma moça que, segundo me disseram depois, seria nomeada conselheira do CADE para dar um voto favorável à minha cliente, mas que, felizmente, não foi efetivada e acabou sendo alocada em um cargo na área de aviação civil.[20]

[20] Foi nesse posto que, mais tarde, ela seria acusada de negligência, por não liberar verbas para reformar a pista do aeroporto de Congonhas, cujos buracos teriam sido responsáveis pelo acidente de um avião da TAM, que se desgovernou na aterrissagem, com a perda de centenas de vidas. Após um longo processo administra-

Sondei as autoridades do CADE, em Brasília, e retomei o processo nesse Conselho. Assim, além de discutir o mérito, aleguei a prescrição do processo pelo fato de o CADE ter estendido o prazo do julgamento além da previsão legal. Mas, pouco depois, decidi ingressar com uma ação judicial, em que o magistrado acolheu a minha tese de que, por ocasião do julgamento, o caso já estava prescrito.

Durante a tramitação desse processo, o jornal O Estado de S. Paulo publicou uns quatro ou cinco editoriais agressivos contra nós. O argumento do jornal era o de que um juiz singular não poderia anular uma decisão de um órgão técnico-administrativo composto por um colegiado de profissionais especializados. Solicitei, então, a um advogado de meu escritório que procurasse casos no CADE envolvendo empresas de mídia, em particular o Estadão. Ele descobriu um processo em que uma liminar havia sido concedida, há muito tempo, por um juiz de Brasília, desobrigando o Estadão de pagar a multa que o CADE lhe havia imposto como empresa jornalística.

Disse, então, a um dos jornalistas que integravam a equipe de editorialistas do jornal e era meu amigo pessoal:

— É curioso; vocês nos criticam, mas têm um caso igual ao nosso, em que o jornal obteve uma liminar contra o CADE e, por isso, está sem movimentar o processo na justiça.

Eu havia solicitado uma reunião com Ruy Mesquita, diretor do Estadão, que chegou a marcar uma data para esse encontro, mas não quis mais me receber, pois foi informado dessas dúvidas quanto ao papel do juiz singular (primeira instância). Essas revelações, que juntei à nossa causa, desagradaram muito o juiz, e obtivemos uma bela vitória na primeira instância – com a acolhida do argumento de que já prescrevera o julgamento do CADE. Mas perdemos parcialmente na segunda instância, quando um desembargador anulou a decisão do CADE, como desejávamos, mas determinou a realização de um novo julgamento pelo mesmo órgão. Recorremos ao STJ, e o ministro relator reiterou a necessidade de um novo julgamento. O processo já rolava há uns 20 anos. Deferido o nosso pedido, esse novo julgamento começou em meados de 2020.

---

tivo, ela acabou sendo inocentada.

Vinte e dois anos após seu início, já defendido por meu sucessor Gabriel Nogueira Dias, o caso teve, enfim, um desfecho a nosso favor. Após essa vitória, Gabriel mandou fazer um quadro com a decisão, que hoje figura com destaque na parede de minha sala de reunião. Lutamos por duas décadas, mas obtivemos ganho total na causa. Segundo o CADE, o cenário econômico agora era outro, e a Nestlé poderia até, se quisesse, comprar outra empresa com até 5% de participação no mercado do segmento de chocolates, pois muitos novos concorrentes haviam entrado nesse mercado. Essa parte da decisão foi aproveitada pela Nestlé para, um pouco mais à frente, adquirir a tradicional fábrica brasileira de chocolates Kopenhagen.

Atribuo essa demora à falta de percepção, pelo CADE, de nosso momento histórico e econômico. Com a globalização consolidada, as cadeias mundiais haviam se tornado bem mais complexas. O Brasil reparou um foco de atraso com essa primeira decisão. Foi um dia duplamente especial, pois, por ocasião do primeiro julgamento administrativo do CADE, perdemos o caso quando eu havia ganho, no mesmo dia, uma grande disputa que versava sobre a união de diversas empresas de fertilizantes, um caso bem mais difícil que o da Garoto. Fertilizantes são muito mais importantes que chocolates, sendo de se esperar do CADE uma maior atenção protetiva.

Capítulo 32

Imposto de diversões públicas

Nessa época também assumi inúmeros casos tributários. Num deles, entrei com um processo judicial a favor da Sears Roebuck contra a Prefeitura Municipal de São Paulo, que autuou a empresa, sob alegação de que era utilizada, em seus estabelecimentos comerciais, uma modalidade de som ambiente para entreter os seus clientes enquanto faziam suas compras (o chamado Fremo). A Sears foi autuada pelo fisco porque não recolhia o elevado tributo sobre diversões públicas, o que me pareceu até ridículo.

O caso, que em princípio me parecera fácil, até pelo nome do fato gerador do tributo, "Diversões Públicas", chegou até o Supremo Tribunal Federal. Nessa ocasião, recebi um extenso elogio do ministro Aliomar Baleeiro, então um dos mais destacados integrantes da Suprema Corte e um dos principais expoentes do Direito Tributário no Brasil. Ele endossou totalmente a tese que eu defendera contra o fiscal que classificara como divertimento esse som tão comumente encontrado em hospitais, elevadores e salas de espera de empresas, estabelecimentos que não pertenciam ao ramo de entretenimento, que seria a base do tributo. O que me empolgava nesse caso (e em muitos outros) é que continuávamos diversificando a atuação do escritório nas frentes do Direito Tributário e do Direito Concorrencial.

Capítulo 33

Cutrale e Citrosuco num só navio

Por volta do ano 1985, vieram ao meu escritório representantes da Citrosuco, minha cliente habitual, e da Cutrale. Eram (e provavelmente ainda são) as duas maiores produtoras de suco de laranja do Brasil, um item relevante em nossa pauta de exportações. Desejavam fazer uma consulta sobre um problema que estavam tendo na Europa com o órgão regulador da concorrência e que afetava a ambas.

A questão era derivada de um acordo que havia sido feito por essas duas empresas concorrentes e encontrou resistência das autoridades europeias, já que os países europeus eram os maiores compradores mundiais de suco de laranja. Tal acordo estabeleceu que as empresas fariam suas exportações para a Europa através de navios próprios ou arrendados (conhecidos como navios brancos) em que seguiriam, misturados, os sucos produzidos pelas duas companhias. Os sucos seguiam a granel espalhados por todo o navio e, no porto de recepção, eram bombeados para tanques de grande porte, onde também permaneciam armazenados conjuntamente até serem retirados por atacadistas e, finalmente, a engarrafadores que colocavam o produto no comércio varejista.

Eu acreditava que esse caso não traria maiores problemas, pois com essa junção de produtores haveria um ganho de escala significativo, que certamente iria se refletir em um preço menor para o futuro consumidor. Na nova legislação brasileira antitruste era ele, o consumidor, o principal alvo de proteção.

Estudei bastante o caso, pois então já dispunha de uma alentada biblioteca repleta de livros e revistas, especialmente as do órgão antitruste europeu. Cheguei à conclusão de que não havia precedentes sobre esse tipo de operação, mas que ela era legítima. O máximo que poderia acontecer era o órgão europeu exigir que o instrumento de cooperação entre as duas empresas fosse protocolado na Comissão Europeia, em que ele seria analisado e registrado – provavelmente com algumas exigências referentes à comercialização, além de eventual multa às empresas em razão de terem feito o registro do acordo muito tempo após o início da operação conjunta.

Respondi à consulta, apresentando o resultado da minha pesquisa, mas disse aos clientes que não conseguiria responder se havia necessidade de apresentar a operação ao órgão europeu, para ficarem sem quaisquer problemas referentes à exportação. Ao fim dessa reunião, os representantes das empresas seguiam preocupados, já que, se fosse obrigatório o registro da cooperação na Comissão Europeia, as empresas ficariam sujeitas a multas e outros gravames, pois poderia também ser exigido que a armazenagem dos produtos fosse feita em depósitos distintos, mesmo que aceitassem o transporte em comum.

Em face dessa resposta, tivemos mais uma reunião, e por sugestão dos clientes discutimos a possibilidade de eu mesmo ir fazer uma consulta verbal à Comissão com o objetivo de, caso houvesse a obrigatoriedade do registro, também perguntar se ele poderia ser feito pelas empresas com a minha assistência como procurador de ambas.

Parti, então, para a Europa, a fim de, antes, me encontrar com um professor alemão, o Dr. Klaus Tiederman, grande especialista na matéria antitruste, de quem havia me tornado amigo e de quem eu havia traduzido um artigo, que foi publicado na revista do CADE. Ele residia em Freiburg, uma linda cidade alemã próxima à fronteira com a Suíça. Eu o conhecera durante um seminário realizado em São Paulo em que ele proferiu uma conferência. Nesse nosso novo encontro, ele foi igualmente simpático. Mas também ficou em dúvida quanto à consulta. Mesmo assim, me fez uma carta de apresentação a um juiz muito seu amigo que brevemente seria eleito para comandar a comissão. Segui, então, para a sede da Comissão Europeia, em Bruxelas. Cheguei no fim do dia e fui para sua sede na manhã seguinte.

Ao chegar, fui informado de que todos os membros da Comissão ficavam reunidos em um determinado andar, onde encontrei quase todas as portas fechadas sem nenhum funcionário que pudesse me atender. Havia apenas uma porta semiaberta, que delicadamente empurrei e encontrei um senhor que me informou estar de saída para almoçar. Era exatamente o juiz ou conselheiro a quem havia sido endereçada a carta de apresentação escrita por meu amigo alemão. Foi, realmente, uma tremenda sorte. Sentamos ao redor de uma mesa, e comecei rapidamente a expor a minha consulta, que na verdade era bastante simples.

Ele disse que iria refletir a respeito e, de quebra, me convidou para almoçarmos juntos. Concordei prontamente. No restaurante, situado nas proximidades, ele me fez várias perguntas sobre o desenvolvimento do antitruste na legislação brasileira, já que Portugal estava sendo admitido na União Europeia, e eles, conselheiros e juízes, necessitavam de uma literatura no idioma português sobre a matéria.

Após o almoço, acompanhei-o de volta ao seu gabinete. Ele então pegou um livro na estante de sua sala para confirmar o que fora conversado no almoço. Após a consulta, finalmente me disse que a resposta dependeria do fato de o produto ser ou não puro (ou seja, sem nenhum outro ingrediente), o que significava tratar-se de um produto agrícola, fora do alcance da legislação europeia. Pelo que eu sabia do produto, ele era mesmo puro, apenas concentrado e congelado – mas salientei que, mesmo assim, consultaria meus clientes a esse respeito. Meu receio era de que a mudança de temperatura do suco para o transporte pudesse resultar em seu enquadramento como um produto industrial.

De meu hotel telefonei para o Brasil, a fim de confirmar a questão da pureza do suco. A resposta foi afirmativa, mas, ainda assim, eu lhes pedi que enviassem essa confirmação por escrito. Recebi-a em pouquíssimo tempo, e regressei ao gabinete do conselheiro, que me respondeu, também por escrito, esclarecendo que, por se tratar de um produto agrícola, o registro na Comissão Europeia não era obrigatório.

Tudo por escrito mesmo! Oralmente, o conselheiro me disse apenas que seria bom que a comercialização do produto na Europa fosse realizada separadamente e que até seria conveniente que os representantes das empresas ficassem em sedes distintas na cidade. Salientei que o produto poderia já ter sido vendido aos clientes europeus quando foi feito o transporte. Equacionado o problema, voltei para São Paulo, e o parecer do conselheiro europeu foi muitíssimo bem recebido. Por muitos anos mantive contato com esse conselheiro, que me enviou um livro sobre a matéria concorrencial do qual ele era um dos coautores. Além de muito material sobre Direito Concorrencial, também trocamos cartões de Natal nos anos seguintes.

Capítulo 34

Um monopólio disfarçado

Quando se fala em monopólio, muitas pessoas pensam que se trata de uma empresa, sem concorrentes no mercado, que é a única fornecedora de um bem para o qual não há substitutos próximos. No entanto, uma empresa pode ser monopolista ainda que existam concorrentes no mercado. Esse monopólio puro sangue, por vezes, fica nos livros e é mais difícil de encontrar na realidade, a não ser em setores muito estatizados. Monopólios, em sentido lato, são mais comuns quando disfarçados, por exemplo, quando a empresa adquire direitos exclusivos ou preferenciais sobre os ativos produtivos de suas concorrentes.

Tive um caso em que esse fenômeno ocorreu há décadas. A Companhia Vale do Rio Doce (CVRD) e a Companhia Siderúrgica Nacional (CSN) exploravam minas abundantes de minério de ferro no país e, por ocasião do processo de privatização ocorrido no final dos anos 90 (1997), acabaram sendo controladas por acionistas em comum. Pouco depois, os acionistas resolveram se separar e, em maio de 2000, promoveram o chamado descruzamento de suas participações.

Durante as negociações sobre o valor da operação, os acionistas que saíam da CSN para se concentrarem na então CVRD conseguiram emplacar o chamado "Contrato Casa de Pedra". Por esse acordo, a CVRD teria preferência na compra de todo o minério da valiosa mina Casa de Pedra que não fosse utilizado pela sua proprietária, a CSN.

Logo percebi que o direito de preferência excluía a CSN do papel de real ofertante de minério de ferro e aumentava o domínio da

CVRD nesse mercado. À época, o excedente de Casa de Pedra representava 20% do minério de ferro (sinter feed) disponível no mercado.

Para agravar o quadro já muito delicado, nesse mesmo período, a CVRD adquirira suas quatro maiores concorrentes - MBR, Ferteco, Samitri e Socoimex –, o que, na prática, lhe daria o domínio sobre 80% da produção de minério de ferro do mercado. Ao somar o direito de preferência sobre a mina Casa de Pedra, o resultado automático seria claramente o monopólio, ainda que, repita-se, disfarçado.

Levei esse caso informalmente ao órgão antitruste europeu, já que à época era na Europa onde estavam localizados os mais relevantes compradores do minério de ferro brasileiro – as grandes siderúrgicas mundiais – e era nesse mercado que iria se refletir, com mais intensidade, o eventual aumento do preço dessa mercadoria no aço, em prejuízo do consumidor final. Mas não obtive uma boa resposta deste órgão. Talvez hoje fosse diferente, tamanha a interação entre os órgãos concorrenciais.

Apenas o órgão brasileiro antitruste enxergou muito corretamente a enorme sensibilidade da cláusula e a declarou anticompetitiva. Foram cinco anos de diálogo técnico com todos os órgãos do Sistema Brasileiro de Defesa da Concorrência - formado, à época, pela Secretaria de Acompanhamento Econômico do Ministério da Fazenda e pela Secretaria de Direito Econômico do Ministério da Justiça como órgãos instrutores e pelo Conselho Administrativo de Defesa Econômica, como órgão julgador.

Foram centenas de audiências, petições e pareceres econômicos e jurídicos nos autos dos sete processos que tramitaram a esse respeito[21]. Ao final de 2005, o CADE julgou as operações de descruzamento entre CVRD e CSN conjuntamente com as múltiplas aquisições da Vale.

[21] Dois processos envolvendo o descruzamento entre CVRD e CSN: Atos de Concentração nº 08012.005226/2000-88 e nº 08012.005250/2000-17. E cinco envolvendo as aquisições de mineradoras pela CVRD: Atos de Concentração nº 08012.000640/2000-09 (CVRD e Socoimex), 08012.001872/2000-76 (CVRD e Samitri), 08012.002838/2001-08 (CVRD e Ferteco), 08012.002962/2001-65 (CVRD e CAEMI) e 08012.006472/2001-38 (CVRD e MBR, Belém).

Para nosso contentamento, nossa percepção técnica de que a cláusula de preferência tinha problemas foi acolhida e, assim, declarada anticompetitiva por todos os Conselheiros do CADE e por todos os órgãos de instrução. Para o CADE, a cláusula permitiria o domínio da CVRD sobre o minério de ferro e, ainda, lhe conferiria acesso a informações concorrencialmente sensíveis. A única divergência entre os conselheiros foi em relação à abrangência do remédio contra a cláusula - se deveria ser expurgada por inteiro ou se poderia produzir efeitos exclusivamente no mercado internacional.

Venceu a opinião mais conservadora e acertada: a cláusula deveria ser inteiramente invalidada. A única alternativa para a Vale seria renunciar a uma das maiores mineradoras adquiridas, a Ferteco.

Como mostra a história, a CVRD não se deu por vencida e promoveu uma longa batalha judicial contra o CADE. O caso chegou até o Supremo Tribunal Federal que, corretamente, referendou a decisão do CADE e preservou as condições de concorrência nesse que é um dos mercados mais importantes para a economia nacional.

Capítulo 35

Casos em família: Negalu e outros

Outra aventura judicial muito interessante foi o de uma senhora que trabalhou na Arno e pediu ao pessoal dessa empresa uma indicação de advogado. Um executivo da companhia me ligou pedindo para recebê-la e alertando para que eu não estranhasse sua aparência simples, pois ela tinha um enorme patrimônio e era muito honesta. Eu a recebi no mesmo dia e confirmei o seu aspecto incomum para uma pessoa cheia de posses.

Educadamente, ela me perguntou se eu teria tempo para ouvir toda a sua história. Disse-lhe que sim. Sentamo-nos num sofá na minha sala, e ela iniciou o seu longo relato:

> "Eu era ainda uma menina quando a dona do sítio onde eu trabalhava decidiu se mudar para São Paulo e me levar junto. Concordei e passei a costurar e ajudá-la na cozinha (o que me interessava bastante). Depois de um certo tempo, tive de sair desse emprego, em que ganhava muito pouco, para trabalhar na Arno, mais exatamente na cozinha da empresa. Foi muito bom, pois eu acabei fazendo pratos para o dono da empresa, que gostava muito da minha comida. Fiquei um bom período na Arno, onde fiz vários amigos. Nos fins de semana, para me distrair, costumava ir ao parque Dom Pedro onde sempre via um homem bem vestido, que olhava para mim. Até que um dia ele me chamou e conversamos. Ele me disse que trabalhava em um banco e residia naquela região de São Paulo. Depois de vários encontros, começamos a namorar e, por fim, ele me convidou para morarmos juntos. Aceitei. Foi aí que verifiquei que ele me

> contara uma mentira, pois havia me dito que trabalhava num banco só para disfarçar a sua fortuna. Na verdade, ele tinha uma grande loja de miçangas, que eram importadas de empresas do exterior. Acabei indo trabalhar com ele nesse negócio. Ele é estrangeiro (libanês) e fala várias línguas. Estava com ele até hoje. Nesses muitos anos juntos, casamos direitinho e tivemos uma filha, que hoje estuda na Fundação Getúlio Vargas. A gente tinha uma empregada, uma mestiça de pele bem escura, muito esperta, que acabamos levando para trabalhar também na loja. Seu apelido é Negalu. Um dia, um funcionário antigo me disse que meu marido estava com a Negalu no último andar do prédio, uma área pouco utilizada. Ao chegar lá, deparei com meu marido, que já tinha quase 80 anos, por trás da Negalu, ambos com as roupas abaixadas. Ao ver a cena, peguei a moça pelos cabelos e a trouxe assim pelas escadas, até o térreo. Eu a despedi e falei para o meu marido que queria me desquitar. Ele desconversou, me mostrou uma cópia de seu imposto de renda e me disse, empolgado, que estávamos muito ricos, pois as pessoas tinham medo de usar joias, preferindo as bijuterias como as que eram fabricadas por nós e também comercializadas nas lojas para as quais vendíamos os nossos artigos".

Essa cliente me deu algumas procurações, pois eu teria de entrar em juízo com diversas ações, começando pelas sociedades limitadas em que estavam alocados todos os bens do casal, principalmente dinheiro e muitos imóveis na região da rua 25 de março. Fiz um levantamento dos bens dos dois e me dei conta de que eles eram mesmo muito ricos, proprietários de bens que somavam mais de 50 milhões de dólares, inclusive um prédio em construção na Vila Nova Conceição, um dos bairros mais valorizados de São Paulo no qual tinham uma boa participação. Dias depois, entrei com medidas preparatórias para a ação de separação, já que a minha cliente estava realmente decidida a se desquitar, pois nunca perdoaria a infidelidade do marido, com quem vivia há mais de 25 anos. Estava tudo correndo bem, com a cliente me ajudando no que era necessário, mostrando-se uma mulher preparada. Andava sempre com uma calculadora em mãos e fazia questão de ler em minha companhia todas as principais petições de meu trabalho jurídico.

Foi quando recebi o telefonema de um advogado, pedindo que fosse ao seu escritório para ver um certo documento que, segundo ele, anularia o casamento de minha cliente. Encontrei-me com ele, que me revelou coisas aparentemente sinistras. Contou-me que minha cliente havia sido casada anteriormente, que seu marido de direito estava preso numa cadeia do interior paulista e que, por fim, a certidão de viúva que ela usara para se casar novamente com o libanês fora forjada, comprada em um cartório do interior.

Voltando ao escritório, chamei minha cliente, que alegou que esse episódio fora plano de seu companheiro, e que ela o aceitara por achar que seu primeiro marido já estivesse morto, um homem perigoso, que havia matado o pai logo após o casamento. Aceitei sua explicação porque seu atual parceiro decerto sabia de sua condição de legalmente casada.

Dessa maneira, resolvi estudar uma saída e fundamentei uma ação de dissolução de uma sociedade de fato que existiria entre os dois e que os levara ao enriquecimento, com forte contribuição de minha cliente, com seu árduo trabalho, pois na loja ela era a principal executiva na venda dos produtos comprados por seu marido. Essa sua participação era flagrante também nas sociedades sob cujos nomes estavam os bens adquiridos por ambos.

Finalmente consegui um acordo com o advogado do marido, pelo qual ela receberia cerca de 30% dos bens do casal, mais que o bastante para ela levar uma vida confortável. Nesse meio tempo, o advogado do marido apresentou-me uma saída que me pareceu juridicamente equivocada. Ele sugeriu que ambos se separassem legalmente, reconhecendo assim a validade do casamento e dividindo os bens. Acabei concordando, para resolver logo a questão e dar segurança à minha cliente, que estava isenta de penalidades por já ter prescrito seu ato ilícito de falsificação de documento.

No dia da homologação dessa separação, porém, foram ambos muito tristes para o fórum, o marido em lágrimas, dizendo que não queria se separar. Ao final, se ajustou também que minha cliente no fim de semana seguinte iria retirar seus pertences de diversos imóveis de lazer que haviam ficado de propriedade do marido, e que ele a acompanharia nessa tarefa.

Foi uma grande surpresa para mim, na segunda-feira imediatamente seguinte, receber um telefonema de minha cliente informando que resolvera se casar novamente direitinho, fazendo antes uma separação do primeiro marido, que seria citado por edital. Foi assim que esse meu caso foi equacionado. Por algum tempo, ainda recebi de presente dela algumas pedras bonitas vendidas em suas lojas. Depois, nunca mais a vi. Ficou o belo exemplo de como o Direito e as paixões da vida se entrelaçam. Por vezes, se transformando em nós. Noutras, porém, como nesse caso, em laços.

Outro caso em que atuei, marcado por uma certa passionalidade, inicia-se por uma senhora casada com o reitor de uma das universidades mais antigas da América Latina, a peruana *Universidad San Marcos*. Sua queixa era contra seu irmão, que não lhe pagava dividendos compatíveis com a lucratividade da empresa, criada por seu pai. Esse dinheiro lhe fazia falta, pois embora fosse casada com um professor e reitor da universidade, ela mesma ganhava muito pouco.

Resolvido satisfatoriamente esse caso, muitos anos depois fui novamente procurado por ela e por seu filho. Ele era adepto da música clássica e tocava virtuosamente a flauta doce. O problema, porém, não era a música, e sim o seu casamento. Ele queria divorciar-se de sua esposa, uma advogada de primeira linha, sócia de um escritório de grande expressão. Ele me contou como a havia conhecido, muitos anos antes, quando ambos tinham um padrão de vida modesto. Depois disso, porém, ela se deu muito bem na profissão jurídica, obtendo grandes ganhos, enquanto ele mal conseguia um valor que lhe permitisse se alimentar e educar os filhos.

Esse caso não me deu muito trabalho. Liguei para a esposa do músico e combinamos um encontro para discutir um acordo. Pedi ao meu cliente que fizesse uma relação bem realista das despesas da família, deixando para ela também o ônus de arcar com as despesas de educação em geral. Além disso, acertamos a guarda compartilhada dos filhos e algumas outras obrigações próprias de um divórcio entre pessoas de um bom nível socieconômico. Foi muito satisfatório o nosso encontro, em que apresentei a ela as cláusulas principais.

Foi esse o meu único caso de divórcio em que não precisei ingressar em juízo separadamente, mas sim apenas apresentar uma petição conjunta, que foi prontamente aceita pelo juiz e pelo curador de família. Mesmo assim, o divórcio chamou a atenção do juiz e do representante do Ministério Público, dado o caráter inusitado das obrigações impostas à divorciada. Visto hoje em retrospectiva, esse caso foi pioneiro e um claro sinal dos tempos modernos. Nunca mais fui procurado pelas partes nesses quinze ou vinte anos após a homologação do divórcio, o que significa que todas as condições estipuladas no acordo funcionaram, coisa que, em geral, não acontece nos casos em que o marido é o responsável pela totalidade ou boa parte do sustento familiar. O caso plantou uma semente de dúvida em minha cabeça. Será que as mulheres são mais generosas e mais confiáveis quando o assunto é o pagamento de pensões alimentícias?

Capítulo 36

Lições das (raras) perdas

Depois de narrar tantas venturas carreira afora, abro aqui o contraditório. Falemos agora de algumas desventuras que tive de enfrentar como titular de um escritório de advocacia. Como no mundo do Direito nada é fácil, hoje agradeço a dádiva de minhas desventuras não terem sido tão drásticas como poderiam ter sido, caso eu tivesse aceitado como sócios plenos os diversos colegas advogados. Alguns eram figuras bem conceituadas no mundo jurídico, que eu acolhi como associados, e não sócios. Foi uma sábia decisão, pois me possibilitou resolver suas saídas por uma simples mudança no contrato social para o seu desligamento do escritório. Sócios, para mim, são pessoas que entram com dinheiro ou esforço pessoal e saem com o valor que entraram devidamente capitalizado – e não pessoas que aportam ao seu negócio com um valor simbólico, em troca de poucas cotas, e saem com o mesmo valor, sem realizar um esforço para que o escritório efetivamente cresça com sua presença e com seu trabalho.

Durante esses anos, houve até associados que saíram do escritório levando alguns advogados e alguns clientes que eram atendidos por suas equipes. Um deles saiu por não concordar com uma norma interna que baixei para demonstrar os trabalhos dos advogados.

A bem da verdade, hoje vejo que nenhum dos advogados que se desligaram trouxeram qualquer prejuízo ao meu escritório com a sua saída. Nem mesmo no ano de seus desligamentos, nosso faturamento apontou qualquer perda, visto que, como sempre, continuamos a ampliar os nossos ganhos de um exercício para o outro. Devo boa parte dessa nossa estabilidade e resiliência à presença de meu genro Gabriel e de minha filha Lúcia como meus dois sócios de fato e de direito – e não associados, como os que abandonaram o barco. Chego a ficar em dúvida ao arrolar esse episódio entre as minhas desventuras profissionais. Afinal, dores de cabeça à parte, quem saiu ganhando com esses desligamentos fomos eu e o nosso escritório Magalhães Dias.

Um dia, conversando sobre a ideia de realização desta autobiografia, alguém comentou, com muita procedência, se eu também não havia sofrido derrotas em minha trajetória jurídica.

Recordei-me, nessa ocasião, que, não muito longe no tempo, fui contratado por uma grande empresa do setor de medicamentos para ser assistente de acusação. Aceito o caso, o diretor-presidente de minha cliente fez uma exposição detalhada do problema, informando que o governo tinha uma empresa que fabricava e vendia insulina, um medicamento vital para os doentes com diabetes, e que resolvera privatizar essa atividade para uma pessoa que não era do ramo farmacêutico e que logo colocou à venda a empresa para uma multinacional que não mantinha atividades em nosso país. As chances de a operação desembocar em um aumento de preços e causar prejuízo aos doentes mais pobres que não tinham amparo do governo para adquirir o medicamento eram enormes já que, segundo o cliente, essa promitente compradora havia acabado de realizar uma operação muito semelhante no Egito.

Com base nos dados que a empresa me forneceu para demonstrar que o problema atingiria em cheio todos os portadores de diabetes, em especial os insulinodependentes, caso a venda dessa empresa para a multinacional fosse autorizada pelo CADE, adotei essa tese, embora ela me parecesse bastante difícil. Eu me senti pessoalmente aborrecido ao pensar que a empresa compradora vislumbrava grandes lucros em um país como o nosso, com uma grande população e muitos doentes sem recursos para adquirir o produto.

Fiz todo o possível para que o CADE impedisse a consumação da venda para a multinacional, que, aliás, já era compromissária compradora da fabricante do medicamento. Defendi, até mesmo, que o CADE exigisse que essa companhia demonstrasse os preços praticados por um certo período (por exemplo, cinco anos), o que, talvez, fizesse com que a adquirente desistisse da transação – ou, pelo menos, fosse mais comedida ao reajustar os preços do medicamento, caso a venda pudesse ser anulada se constatado um aumento abusivo e injustificado de preços.

Infelizmente, o CADE não aceitou nossa fundamentação e autorizou a venda da empresa fabricante de insulina na forma requerida pelo vendedor. Fiquei muito chateado com essa decisão, pois estava trabalhando por uma causa nobre, em defesa não só da minha cliente, mas principalmente do consumidor brasileiro pobre e doente. Cheguei mesmo a pensar em recorrer ao Judiciário para modificar a decisão, mas concluí que seria muito difícil, praticamente impossível, conseguir uma sentença ou acórdão que levasse à reversão do quadro pelo Conselho.

Dois fatos de bastidores merecem ser mencionados, por sua provável influência nessa decisão. O vendedor da empresa era um ministro do Governo Federal com muito trânsito em Brasília, e o advogado que apresentou e defendeu a venda tinha se iniciado na matéria antitruste em outro escritório mas como meu assistente em um caso semelhante muito importante, que igualmente visava impedir uma venda de empresa. Além de ser uma figura muito simpática, ele se firmou como bom advogado na área concorrencial.

O caso da compra da Garoto pela minha cliente Nestlé, que fora rejeitada pelo CADE, já contado detalhadamente aqui, embora não tenha sido tocado inicialmente por mim e somente tenha obtido um desfecho positivo após 20 anos, também pode ser incluído parcialmente na minha lista de desventuras.

Encarei outra decisão do CADE que nos foi parcialmente contrária quando defendemos a fusão da nossa cliente Rhodia com uma empresa de origem chinesa. Foi uma transação de certa complexidade, que resultou na criação de uma nova companhia, a Rhodia-Ster. Essa fusão envolvia a fabricação de alguns produtos de pouca importância para a nossa cliente, particularmente de duas resinas e, caso fosse aprovada, poderia configurar um quase monopólio. O CADE determinou que a área industrial das duas resinas fosse vendida a terceiros, o que foi feito prontamente. A Rhodia, na verdade, estava mesmo interessada em fabricar o pet, produto prático, barato e de grande saída, que veio a servir de embalagem de refrigerantes e outros produtos e hoje tem uma utilidade quase universal. Ao final, feita a fusão, conseguimos fazer um aumento de capital subscrito por terceiros. Essa injeção de capital possibilitou a saída do acionista chinês.

Portanto, embora possa se dizer que houve uma perda parcial do caso, nossa cliente conseguiu obter o seu principal intento com a operação. Foi, em suma, um caso submetido ao CADE no qual, a exemplo do praticado na criação da Ambev, abriu-se mão de alguns ativos secundários, a fim de alcançar objetivos estratégicos maiores. Na verdade, minha cliente Rhodia acabou por comprar sua concorrente sem ter de despender nenhuma quantia, pois a compra foi feita através do aumento de capital pela entrada de novos sócios, tornando possível pagar as ações do acionista chinês, continuando a Rhodia sócia majoritária da empresa resultante ao fim das operações e com a fabricação do pet, seu principal objetivo.

Gosto muito de um provérbio que proclama o seguinte: "Quando um caso não está bom é porque ainda não acabou". Essa frase é, para mim, quase um mantra de grande aplicabilidade nas questões jurídicas. Ela deixa claro que, diante das adversidades, por piores que sejam, o bom advogado sempre tem de ter uma boa saída em vista - seja para a solução ou para a continuidade da contenda. Além, obviamente, de uma incansável persistência. A tenacidade é o motor de qualquer bom advogado.

Capítulo 37

Desventuras pessoais

Mantenhamos o tema, mas agora em outro plano. Como, felizmente, não acumulei muitas desventuras profissionais, como contei no capítulo anterior, me sinto quase que na obrigação de ao menos narrar nessa autobiografia algumas desventuras ocorridas na minha vida pessoal. A maior delas, a perda de meu filho Marcelo, já narrada, fica dessa vez de fora. Essa tragédia, digamos, é *hors-councours*, tamanho seu impacto em minha vida, e parece tornar os meus demais percalços relativamente irrelevantes. Mas há boas histórias de desventuras pontuando a minha vida que não derivaram de minha condição de advogado, mas muito mais pela quase profissão de solteiro, de *célibataire*, que exerci por mais de três décadas – um período fascinante e, às vezes, confuso. Por esse longo período, além de trabalhar muito, eu vivi plenamente a minha vida.

A verdade é que, nesses mais de 30 anos de divorciado, tive incontáveis venturas – mas algumas desventuras que quase me custaram a vida. Uma delas, realmente apavorante, ocorreu quando estive na ilha francesa da Córsega com minha irmã Myriam, minha filha Lúcia e uma amiga dela, e aluguei um veleiro para conhecer a terra natal de Napoleão Bonaparte. Tudo transcorria muito bem, enquanto navegávamos por refúgios belíssimos da recortada costa corsa. Alguns locais eram até mais bonitos que a famosa *Grotta Azzurra* (gruta Azul) de Capri, como uma pequena enseada na qual, inclusive, vimos o deslumbrante iate do namorado da princesa Diana, o egípcio Dodi Al-Fayed, filho do bilionário Mohamed Al-Fayed, dono, entre tantos outros negócios, da tradicionalíssima loja Harrods, um dos cartões postais londrinos.

Navegávamos durante o dia, com paradas em paraísos praticamente inacessíveis por terra, até atracar, nos fins de tarde, em alguma pequena cidade à beira do Mediterrâneo, para jantarmos e passarmos a noite.

Tudo transcorria maravilhosamente bem. Num dos últimos dias desse nosso giro, no entanto, chegamos a uma cidade bem maior, dotada de um grande porto. Lúcia e sua amiga observaram uma grande luz de holofote a certa distância, que parecia vir de uma boate, sinalização essa que estava então muito na moda. As duas ficaram ansiosas para conhecê-la. No porto, me informaram que era um local relativamente próximo, que abrigava um grande complexo turístico. Tomamos um táxi e seguimos para lá. Quando chegamos, as meninas seguiram para a pista de dança, que estava bem animada, e me deixaram sozinho num bar, um lugar bem bonito e moderno.

Como ainda era cedo, o bar estava praticamente vazio, exceto pela moça que cuidava das bebidas e por um rapaz que, após a minha chegada, começou a cantar, até me brindando com algumas canções da Bossa Nova. Como eu estava só, sentei-me numa banqueta muito confortável junto ao bar. Pedi qualquer coisa para beber à moça, uma bela mulher que puxou uma boa conversa comigo. Descobrindo que eu era brasileiro, disse-me que viajaria no próximo inverno ao Brasil para visitar sua melhor amiga, que se casara com um baiano e tivera um filho do qual ela seria a madrinha. Também chamou o cantor, que na verdade era português. Ele ficou contentíssimo em poder falar nosso idioma, pois fazia mais de um ano que não via ninguém que falasse português. Ficamos camaradas após essa conversa.

Seguindo com sua história, a bartender me disse que já havia comprado uma passagem para Salvador, com escala em São Paulo – e, de quebra, com parada no Rio de Janeiro na volta. Ela pediu meu telefone para o caso de precisar de algo nos dias que ficaria em São Paulo. Dei-o oralmente, e ela o anotou. Claro que gostei dessa linda francesa que parecia desejar se encontrar comigo no Brasil.

Foi aí que apareceu um homem não muito alto, mas forte e atarracado, como são os corsos. Ele estava bem vestido. Olhou-me muito feio e pegou a moça pelo braço, levando-a por todo o balcão com certa truculência, o que a fez chorar. Nesse momento, chegou um outro senhor, mais velho, que interveio, chamando e apartando o corso nervoso.

Ele, enfim, largou a moça, de quem tirara o papel com o meu nome e telefone, rasgando-o na minha frente, e saiu dizendo algo em francês ou dialeto corso para ela e para o cantor. Foi aí que o cantor me inteirou do tamanho da encrenca em que eu havia me metido, me contando que o corso invocado era o dono de tudo ali, um italiano mafioso, muito violento, ciumento e amante da moça. Até aí, tudo bem, embora já fosse bem assustador. O pior, porém, foram as últimas palavras do português:

— Cuidado! Ao sair, ele disse que voltaria armado para dar um jeito em você, o que é normal para ele.

Alertou-me, então, que eu deveria simplesmente ir embora e depressa e que ele mesmo chamaria um táxi para eu fugir, acrescentando que eu deveria pegar rapidamente "minhas filhas" e ficarmos juntos no pátio, à espera do carro. Saí e fui à boate pegar as meninas. O cantor ligou na hora e me informou que havia pedido uma Mercedes para podermos escapar mais depressa. Fiquei onde ele disse, acalmando as meninas. Quando o táxi chegou, entramos e fomos embora correndo. Pedi ao motorista que acelerasse, alegando que eu estava passando mal. Enquanto o táxi fazia a manobra, só ouvi um estampido de tiro, provavelmente dado pelo mafioso que já voltara ao bar. Voamos para o porto, onde desembarcamos. Para tornar a situação ainda mais aflitiva, eu não conseguia achar o nosso barco, até que o meu marujo veio nos chamar. Chegara um iate imenso, e ele tivera que deslocar nosso veleiro para depois desse barco, pois a embarcação maior havia feito reserva do atracadouro que estávamos usando.

Uma história termina e outra começa, quase que imediatamente. Tivemos de passar pelo iate para chegar ao nosso barco e, ali mesmo, alguns rapazes italianos em um de seus deques começaram a gracejar com as meninas, que engataram um papo com os animados garotões. Como os dois barcos estavam praticamente colados, pude ouvir as conversas de Lúcia, que fala bem o italiano, com um dos rapazes. Ele era filho do dono do barco, advogado recém-formado e um *bello ragazzo*. Começou aí uma outra história, que se estendeu pela madrugada. Fiquei preocupadíssimo com um eventual namoro dos dois. Lúcia, além de linda, é bisneta de italianos, falava a língua com fluência e até já vivera uma temporada na Itália para fazer um curso. Diante dessa suposta "ameaça", acordei o marujo e pedi para partirmos de madrugada. Saímos com chuva e mar revolto, todos vomitando, e Lúcia chorando de raiva, pois tinha adorado o rapaz. Ela me fez jurar que iríamos procurar o barco em todos os portos da Sardenha para onde ele disse que iria e nós também.

Fiz essa intervenção pensando em Lúcia. Eu poderia muito bem ter ligado para o meu advogado correspondente de Roma, professor universitário, para ele localizar o rapaz, que morava em Pisa. Isso seria mesmo fácil; mas eu nunca iria perder minha única filha, já antevendo-a casada com um rapaz de família riquíssima, dona desse iate de milhões de dólares que, provavelmente, jamais ou raras vezes viriam ao Brasil. Como se verifica, confesso que sou uma pessoa que procura sempre pensar bem à frente dos fatos, seja nas alegrias ou nas adversidades.

Essa tal noite, enfim, foi até venturosa para mim, que consegui fugir de um mafioso que poderia ter me matado ou ferido e também de um italiano bom de lábia, que poderia ter me tirado minha única filha com um possível namoro que ficasse sério. Essa hipótese me soou absolutamente inconveniente.

Vocês já devem ter notado que quase todas as minhas desventuras envolvem, direta ou indiretamente, mulheres. Por essa época, elas figuravam com destaque entre os principais interesses de minha vida. Outro episódio, que me deixou claro que a vida de um divorciado não é só de aventuras agradáveis, também envolveu uma bela mulher. Mas, nesse caso, fui provocado por ela.

Eu estava em São Paulo, no bairro dos Jardins, começando a subir a rua que levaria à minha casa, dirigindo meu carro novo. Foi quando dei passagem a um veículo idêntico ao meu, dirigido por uma bela mulher. Quando emparelhamos nossos carros, à espera que o sinal abrisse, ela desceu seu vidro e comentou: "Que carro bonito!".

Tomei a dianteira dela e, quando foi possível, liguei a seta para que estacionássemos. Ela parou logo atrás. Desci de meu carro e fui até o dela. Começando a conversar na brincadeira, elogiei seu carro, dizendo que ele era melhor que o meu, pois havia nele uma mulher bonita à direção em vez de um marmanjo como eu. Ao final do papo, peguei seu telefone, e fomos embora; ela para o Sumaré e eu, para o Pacaembu. Ligando para ela mais tarde, soube que tinha sido eleita Miss São Paulo por acaso, pois uma amiga a inscrevera no concurso anos atrás. Ela havia conseguido passar também em outro concurso, esse para o Ministério Público, o que já evidenciou uma primeira afinidade, por termos ambos cursado faculdades de Direito.

Mais um telefonema, e fomos almoçar juntos. Ela era uma solteira de uns 30 anos e eu, recém-divorciado, estava pela primeira vez saindo com uma mulher desconhecida, mas bem bacana. Pelo segundo ou terceiro dia saímos para jantar, e fiquei sabendo que ela tivera um longo relacionamento com um homem que havia se declarado divorciado num primeiro momento, mas que ela descobrira depois ser casado, mas que veio a se separar um tempo mais tarde, dizendo-lhe ter sido motivado pela relação deles.

Por conta desse antecedente, ela me perguntava insistentemente se eu era realmente divorciado e eu confirmava que sim. Em um dos nossos encontros até levei no bolso uma certidão de meu divórcio e lhe mostrei à mesa. No jantar seguinte, quando finalmente começamos a namorar, ela se mantinha ainda um pouco reticente, dizendo que era assim, recatada, por ser de família do interior.

Nessa noite, jantamos em um bom restaurante e fomos para o meu apartamento, mas ela ainda se manteve meio reservada. Quando fui levá-la para casa, no Sumaré, assim que virei a esquina da sua rua, ela segurou o meu braço e disse que estavam parados na porta de sua casa dois carros, que seriam do seu ex-amante, que sempre saía acompanhado por seguranças. Virei, então, a direção, fiz uma manobra próxima aos carros deles e, em seguida, segui em alta velocidade de volta a meu apartamento, no Pacaembu. Como percebi que os carros me seguiam, mudei de direção e segui para uma delegacia no bairro de Perdizes. Entrei com o carro embalado no pátio da delegacia, onde ficamos por um bom tempo, até sentirmos que o perigo passara. Foi apenas aí que ela disse que o seu ex-namorado, um joalheiro atacadista, havia ficado inconformado com a separação chegando até a agredi-la fisicamente.

Não levei em frente essa relação por perceber que, apesar de tudo que me contara, ela ainda estava ligada ao joalheiro, de quem não fazia um mês que havia se separado e que também era dono do apartamento onde ela residia. Insistir nesse caso seria, muito provavelmente, um perigo.

Outro caso semelhante em que me meti foi com uma moça que fez uma pontinha como cliente de uma loja no filme *Eu*, estrelado por meu irmão Tarcísio. Encerrada a sessão, quando a vi ao vivo, fiquei fascinado. Acompanhei o elenco na comemoração que fizeram no antigo hotel Hilton, no centro de São Paulo. Conversei com a atriz-figurante. Ela me disse que o pneu de seu carro havia furado no Jardim Europa e me pediu ajuda para ir buscá-lo. Fui, troquei o pneu, e um certo clima começou a rolar entre nós. A relação, porém, para sorte minha, não deslanchou por muito tempo. A razão foi ela ter me dito que, na verdade, tinha um caso com um empresário riquíssimo, dono de uma das maiores empreiteiras do Brasil, sediada em Curitiba.

Ele era, dizia-se, um sujeito barra pesada e pavio curto, que, para completar, sempre andava armado. Como ele relutava em se divorciar de sua mulher, muito católica, e o casamento era em comunhão de bens, a jovem estava me usando para lhe despertar ciúmes, até dizendo ao amante que eu estava na casa dela enquanto falavam ao telefone. Pelo visto, funcionou, pois o empreiteiro acabou se separando e se casando com a jovem, que também fazia um programa jornalístico na TV. Segundo notícias da época, ele fretou três jatos Boeing para levar seus convidados para a festa de casamento em Curitiba. Tempos depois, no Rio, num voo bem tarde da noite que vinha do exterior para São Paulo e depois prosseguiria para o sul, lá estava ela a bordo, linda, vestindo um belíssimo casaco de pele, mas fingiu não me conhecer.

Por conta desses riscos, que muitas vezes vêm ocultamente embutidos na figura de uma mulher encantadora, cheguei à conclusão de que, embora a solteirice oferecesse grandes vantagens, comportava grandes desventuras, em relação às quais se exigiam extremos cuidados e rigor na escolha de mulheres, especialmente as mais bonitas e atraentes.

Capítulo 38

O golfinho assassino

Para que os leitores não concluam que meus momentos de turbulência ou susto estão ligados apenas às causas que defendi (nas quais sucumbi raríssimas vezes) ou às mulheres que um dia amei ou julguei amar, agora detenho-me um pouco, para encerrar de vez esse bloco, num episódio de tremendo pavor que passei por causa de meu principal hobby – os barcos e a navegação por muitos mares.

Em 1994, num fim de semana, fui de lancha até São Sebastião levar para reparos um jet ski com defeito. Como o mar no local era raso, desci o jet ski da lancha e empurrei-o pela água até a oficina. Após tê-lo deixado aos cuidados do mecânico, estava voltando para a lancha, nadando clássico (peito), que cansa menos, principalmente quando se está usando o colete salva-vidas, que eu vestia naquele momento por ter andado com o jet ski. A certa altura, enquanto eu nadava despreocupadíssimo, aconteceu algo tão inimaginável quanto aterrorizante. Do nada, fui arremessado para o ar por um enorme animal, que permaneceu embaixo de mim, deixando-me pouco acima da linha da superfície, me impedindo de nadar. Além disso, apesar do colete, eu sentia uma forte dor no estômago, fruto do impacto que recebi do animal.

Fiquei apavorado, pois não sabia se era um cação (espécie de tubarão) ou um golfinho, que não costuma oferecer perigo. Eu gritava para a lancha parada, onde estavam meu marinheiro Benedito e minha filha Lúcia. Ambos ficaram à beira do pânico. Esse incidente durou uns intermináveis 5 minutos ou mais, até que, por acaso, dois jet skis passaram quase colados a mim, espantando o enorme animal. Apesar do susto, consegui nadar até a lancha, escoltado pelos donos dos jet skis que haviam presenciado toda a cena – pois o animal nadava bem perto deles.

Fui, então, até o Iate Clube de Ilhabela para descansar e contei o ocorrido. Após meu relato, me disseram que era um golfinho esquisito, que fora apelidado de Tião e que não andava em grupo. Ele já havia matado um homem que, numa brincadeira estúpida, havia colocado palitos em seu focinho. Além disso, feriu umas 27 ou 29 pessoas, e eu fui uma delas. Nos dias seguintes, li notícias quase diárias nos jornais a respeito de uma celeuma que se formou entre pessoas que queriam matá-lo e outras que condenavam essa crueldade. Um dia, por fim, o golfinho desapareceu – sem que se saiba, até hoje, se foi morto ou se decidiu partir daquelas águas, vagando mar afora.[22]

---

[22] De acordo com a enciclopédia digital Wikipedia, o golfinho Tião tinha 2,60 metros de comprimento, pesava 200 quilos, era macho e de cor cinza. Tais informações levam-me a crer que ele foi capturado e, provavelmente, morto, ou levado para alto-mar. A pessoa que faleceu em um ataque seu, João Paulo Moreira, sofreu hemorragia interna após ser atingido pela cauda do animal na cabeça e no tórax. Eu também fui atingido pela cauda, que me ergueu a uma altura de meio metro para fora da água, mas foi na região do abdome, o que me provocou uma forte dor de estômago, que perdurou por todo o dia. Tive a sorte de ser salvo pelos pilotos de dois jet skis, conforme foto, em que se vê parcialmente submerso. A revista *Veja*, em sua edição de 17 de dezembro de 2003, veiculou a notícia sob o título "Flipper Assassino". Na mesma data, a *Folha de S. Paulo* também publicou reportagem sobre os ataques do golfinho.

Capítulo 39

Alegações finais

Ao final dessas memórias de um advogado apaixonado por sua profissão, queria salientar, mais uma vez, o que representou para mim o teste vocacional que realizei na Colmeia, em 1954. Até então eu estivera no mundo sem saber o que fazer, carente de um horizonte e de um rumo profissional na vida. Foi interessante ouvir da maioria dos instrutores do teste que qualquer profissão de natureza empresarial que eu abraçasse daria certo, e também que dois dos examinadores cravaram Direito e Economia como compatíveis com a minha vocação. Todos acertaram, pois, além de seguir pela trilha jurídica, acabei atuando em uma área, o Direito Econômico, que sequer figurava naquele tempo como matéria no currículo das faculdades. Hoje Economia e Direito são frentes que se misturam em praticamente todos os aspectos de nossas vidas, o que só salienta minha alegria por ter, ao longo da carreira, abraçado um ramo do Direito em que essas duas ciências convergem integralmente.

Saí-me muito bem nesse território, do qual tenho hoje a honra de dizer que fui um dos desbravadores na prática. Fui também, em certa medida, um propagador relevante desta área em que Direito e Economia se encontram e que conheceu um desenvolvimento veloz quando eu iniciava a minha carreira, em razão das mudanças no cenário mundial. Nesse sentido, não tenho dúvidas de que me sobressaí exatamente por ter tratado dos primeiros casos envolvendo o direito de praticar a livre concorrência sem qualquer abuso do Direito. Aliás, em meu escritório tive a honra de ter como colega o Dr. Fabio Nusdeo, professor de Direito Econômico da Faculdade de Direito da USP, autor de vários livros e artigos sobre a matéria e muito querido pelos alunos que passaram pela escola do Largo de São Francisco. Ao longo de minha carreira, só ouvi elogios a seu respeito e por ele sempre nutri uma grande amizade. Embora tenha vindo para o meu escritório pelas mãos de um dos advogados que se desligaram de minha banca, depois de muito pensar, ele um dia foi a minha sala comunicar o seu "Fico!". Sua permanência foi motivo de uma festa com todos os advogados no fim do expediente. Fabio Nusdeo, além de amigo caríssimo, acumula grandes virtudes. É um excelente jurista, admirado por todos aqueles que o conheceram. Pena que tenha se aposentado como professor titular de Direito Econômico da USP e ter deixado nosso escritório recentemente, quando completou 90 anos de idade.

Durante minha profissional, tive como guia algumas lições que não estão contidas em nenhum livro jurídico, mas sim num romance mundialmente consagrado, *O Grande Gatsby*, do escritor norte-americano F. Scott Fitzgerald. Sucesso literário que se replicou nas telas em várias versões, esse livro penetrante se inicia com a seguinte frase, atribuída ao pai do narrador da história:

> "Sempre que sentir vontade de criticar alguém, lembre-se apenas de que, neste mundo, nem todos tiveram as vantagens que você teve".

Essa alusão dirige-se ao próprio personagem-título, Gatsby, que o narrador conhece logo nas primeiras páginas da história e de quem se tornou amigo sem criticar sua vida.

O livro mostra também um traço desse personagem memorável que, além de gerar em mim uma identificação profunda, também se revelou uma descoberta admirável. Refiro-me à fidelidade de Gatsby ao seu grande amor, o verdadeiro e sublime fio condutor da história: Daisy, paixão da juventude de Gatsby interrompida pela guerra, mas que ainda resiste obcecadamente no coração do protagonista a todas as intempéries e desencontros trazidos pelo tempo. É desconcertante a fidelidade de Gatsby ao seu grande amor. Por Daisy, ele fez tudo para ascender socialmente, com um único e claríssimo objetivo: conseguir reconquistá-la.

O trecho que mais mexeu comigo, no entanto, encontra-se quase ao final do livro. É quando o pai de Gatsby, após a morte do filho, revela uma lista de deveres que o filho se impôs com um rigor extremo, desde a mais tenra infância, e manteve ao longo de toda a sua vida, mesmo durante a Primeira Guerra Mundial (1914-1918), em que se tornou major. Guiado por essa lista de medidas de autocontenção, disciplina e busca de desenvolvimento pessoal, semeadas na infância, Gatsby percorre o mundo e enriquece, de forma nem sempre lícita. Na relação de Gatsby figuram atitudes como "sair da cama às 6h", "economizar 5 dólares por semana", "treinar dicção e postura". Com tanta autodisciplina, é óbvio que Gastby retorna mudado do conflito. Maduro, torna-se outro homem. Um herói de guerra condecorado, riquíssimo e poderoso. Tudo em Gatsby muda em sua essência. Exceto uma coisa: seu amor por Daisy e a vontade quase sobrenatural de tê-la outra vez ao seu lado, retirando-a do casamento infeliz em que a vida dela desaguara.

Com a devida licença para me estender um pouco mais pela seara literária, não posso deixar de também mencionar o poema *Se* (original *If*), escrito pelo britânico Rudyard Kipling e magnificamente traduzido para o português por nosso grande poeta Guilherme de Almeida. Seus versos contêm uma das maiores lições com que já me deparei nessa vida e servem como uma luva para quem pensa em se tornar advogado. É essa a razão de transcrevê-los aqui integralmente:

Se és capaz de manter a tua calma quando
Todo o mundo ao teu redor já a perdeu e te culpa;
De crer em ti quando estão todos duvidando,
E para esses no entanto achar uma desculpa;
Se és capaz de esperar sem te desesperares,
Ou, enganado, não mentir ao mentiroso,
Ou, sendo odiado, sempre ao ódio te esquivares,
E não parecer bom demais, nem pretensioso;

Se és capaz de pensar – sem que a isso só te atires,
De sonhar – sem fazer dos sonhos teus senhores.
Se encontrando a desgraça e o triunfo conseguires
Tratar da mesma forma a esses dois impostores;
Se és capaz de sofrer a dor de ver mudadas
Em armadilhas as verdades que disseste,
E as coisas, por que deste a vida, estraçalhadas,
E refazê-las com o bem pouco que te reste;

Se és capaz de arriscar numa única parada
Tudo quanto ganhaste em toda a tua vida,
E perder e, ao perder, sem nunca dizer nada,
Resignado, tornar ao ponto de partida;
De forçar coração, nervos, músculos, tudo
A dar seja o que for que neles ainda existe,
E a persistir assim quando, exaustos, contudo
Resta a vontade em ti que ainda ordena: "Persiste!";

Se és capaz de, entre a plebe, não te corromperes
E, entre reis, não perder a naturalidade,
E de amigos, quer bons, quer maus, te defenderes,
Se a todos podes ser de alguma utilidade,
E se és capaz de dar, segundo por segundo,
Ao minuto fatal todo o valor e brilho,
Tua é a terra com tudo o que existe no mundo
E o que mais – tu serás um homem, ó meu filho!

Gostaria, já na reta final desta biografia, de acrescentar que uma coisa de que muito me orgulho é de ter participado de diversos trabalhos em comissões de estudo para tentar aperfeiçoar a legislação de proteção à livre concorrência, que nos seus primórdios era mais vista como repressão ao abuso de poder econômico, já que o objetivo principal era o de punir os agentes econômicos que não tivessem um "bom comportamento" nas suas atividades. Esse critério desprezava algo muito mais importante, que era a atuação preventiva do CADE, junto aos empresários, definindo o que podiam ou não podiam fazer, como um verdadeiro diálogo processual no qual os agentes econômicos, como que consultando o Conselho sobre atos concretos que estavam realizando, fariam estabelecer os limites da área cinzenta entre os bons e os maus atos de sua gestão comercial.

Devo antes contar como consegui me dispor a essa atividade, gastando um pouco do meu tempo de trabalho na advocacia: como sempre na minha vida, não fui esperar que as oportunidades viessem para mim, mas fui procurá-las (desculpem-me pela repetitividade, mas é importante reforçar). Estava, certa vez, no Aeroporto de Congonhas, então o único, e pouco aperfeiçoado, aeroporto de São Paulo, à espera do meu voo, que dependia da abertura do tempo para decolar para Brasília, quando vi o professor e na época já senador, André Franco Montoro, a quem eu conhecera em uma fila de cinema junto com minha então esposa, sua aluna na época. Aproximei-me dele, que estava sentado, e começamos a conversar, falando da faculdade, etc. A conversa estava boa e a pessoa que estava sentada ao seu lado sentiu-se constrangida e levantou-se, deixando o lugar para mim. A abertura dos voos, para meu conforto e oportunidade de conversar com o senador, demorou horas – o maior tempo de espera que já passei em minhas viagens –, e assim pude lhe contar minha atividade como advogado, especialmente em Direito Econômico junto ao CADE, que estava, então, nos seus primórdios nos anos de 1960 e 1970. A conversa chegou a um ponto em que tive a chance de lhe dizer que a atuação do CADE estava apenas repressiva, enquanto a lei em vigor (4137/62) tinha uma disposição muito boa, obrigando os agentes econômicos a consultar o CADE para saber da legalidade de um ato que pudesse prejudicar a livre concorrência – como já se fazia na Europa e nos Estados Unidos –, que infelizmente tinha sido praticamente anulada pelo decreto que regulamentou a lei. Montoro, como professor de Direito, ficou até revoltado com o que eu lhe contara e me sugeriu fazer um trabalho para ressuscitar essa parte preventiva da lei, me convidando para participar de um órgão que ele havia criado, apropriado para os legisladores obterem colaborações desse tipo, e para o qual seriam convidados especialistas de várias matérias. Com esse convite, tornei-me membro do Instituto de Pesquisas, Estudos e Assessoria do Congresso - IPEAC e realmente fiz meu primeiro trabalho para aperfeiçoar a legislação, que se transformou em um projeto de lei que, infelizmente, não foi aprovado porque estava no fim da legislatura. No entanto, o trabalho foi publicado em mais de uma revista especializada e, embora hoje o considere tosco, limitado pela quase inexistente literatura antitruste da época, foi bastante comentado no CADE e fora dele, abrindo-me caminho para participar de algumas comissões, especialmente uma que foi criada pelo ministro da Justiça, que reformulava totalmente a lei 4137/62. Essa comissão resultou no anteprojeto publicado no *Diário Oficial da União* em 02 de dezembro de 1988, fruto de centenas de horas de trabalho de três autores, Dr. Alberto Venâncio Filho, Dr. José Inácio Gonzaga Franceschini e eu, que me encarreguei de muitas partes importantes, especialmente do dispositivo que tratava da atuação preventiva do órgão regulador de concorrência, que ficou com o mesmo nome já consagrado, CADE. Essa alteração da lei –

importantíssima – voltou a instituir a atuação preventiva do CADE, anos depois no governo Collor.

Um dia, convidado pela advogada e professora Dra. Paula Forgioni, fui dar uma palestra sobre o tema da concorrência na Fundação Getúlio Vargas. Ao adentrar na sala de aula, acompanhado pela colega advogada, começou um fuzuê, com palmas e gozações dos jovens alunos. Foram duas aulas seguidas, em que cheguei a contar a história da parte preventiva da lei antitruste brasileira aprovada por medida provisória do presidente Collor de Mello.

Ao fim de uma das aulas, um daqueles estudantes espirituosos que me acolheram (até gostei dessa nova geração de universitários, participativa e mais próxima de seus mestres) repetiu como foi elaborada essa parte da legislação conforme eu contara, finalizando com uma observação de que a lei parecia ter sido feita como se faz em frigoríficos – expressão muito usada para dizer que algo foi feito meio escondido e de qualquer jeito, misturando carnes boas com outras que não prestam.

Pensei um pouco na sua fala e tive a sorte de lhe responder na hora que, realmente, por falha de legisladores que não atuam como deveriam, muitas leis decorrem de necessidade de preencher as lacunas de nosso Direito Positivo através de legisladores sem mandato e ocasionais, como eu. Expliquei também que a lei em que se transformou nosso anteprojeto fora inspirada na legislação ultranacional da União Europeia, que aperfeiçoei com um dispositivo que permitia a fusão entre empresas, considerando que fosse preservada aquela que eventualmente estivesse falida, mas com estrutura material e humana que não deveria ser desperdiçada, principalmente em países ainda em desenvolvimento, que não podiam perder seus ativos empresariais.

Fui até aplaudido de pé: não sei se foi porque gostaram da resposta ou porque já queriam ir embora. Mas, como dizem hoje em dia, valeu!

Na minha profissão, dei muitas palestras, especialmente em cursos de pós-graduação, e sempre gostei muito; confesso que tenho inveja de advogados que também são professores, mas me contento com essa atividade ocasionalmente. Há professores que não são bons advogados e bons advogados que não são bons professores. É melhor fazer apenas palestras para colegas ou estudantes sem correr esse risco de virar um mau professor por não ter tempo para preparar uma aula.

Peço licença para inserir brevemente algumas palavras que talvez soem contrárias a várias menções que tenho feito ao longo deste livro. Sempre considerei, em todos os campos de trabalho, que abraçar uma especialização direta em um determinado tema cria um profissional defeituoso, que enxerga apenas o que é fruto de sua especialidade. Na minha opinião, um profissional do Direito só se aproximará da perfeição se, antes de entrar na especialização, já tiver estudado ou trabalhado em um universo de temas que lhe permita, ao lidar com um caso específico, saber que esse caso deve ser visto de uma forma geral, antes de entrar em sua especificidade.

Cito como exemplo o caso, há pouco tratado nessas memórias, da exportação conjunta de suco de laranja pelos dois maiores concorrentes do agronegócio brasileiro. Há de se considerar por que, afinal, um produto agrícola estaria fora da concorrência livre? Por que a legislação da União Europeia não se preocupa com um produto agrícola? Seria porque a regulação dos importantes produtos da agricultura poderia dificultar a livre concorrência e trazer a prática de preços cada vez mais altos, prejudicando assim o consumidor? Ou porque a atividade agrícola deve ser sempre incentivada, já que, em princípio, é mais difícil que a atividade comercial ou mesmo a industrial, não comportando uma interferência maior do Estado que venha a limitar a sua expansão? Aliás, também no Brasil, embora não exista uma determinação legal de exclusão da atividade agrícola, o que se verifica é que quase nenhuma empresa dessa área foi processada no CADE – e, ainda assim, nenhuma das poucas que foram alvo de litígio foi condenada, ao que me consta.

Por outro lado, durante minha longa prática em defesa da livre concorrência, sempre defendi que os produtos prejudiciais à saúde do público em geral deveriam ficar fora da legislação sobre livre concorrência. Se essa legislação facilitar a produção, a entrada ou a exportação de tabaco, por exemplo, atividade que é duramente combatida em quase todos os países, que lhe impõem uma tributação absurda, por que os órgãos de defesa e reguladores da concorrência deveriam intervir no mercado, para incentivar a sua venda por preços mais baixos?

Por que os órgãos antitruste tratam da mesma maneira produtores de mercadorias que afetam a saúde da população, como o tabaco e o álcool e outros produtos que são indispensáveis ao seu bem-estar, como os alimentos e medicamentos? Mais! Por que os órgãos antitruste desperdiçam tempo e dinheiro do contribuinte para impedir um locatário que tenha a atividade de vender produtos caríssimos, de se estabelecer também em outro shopping center? Tal procedimento vai até contra os consumidores que não desejam adquirir o produto em outros shopping centers e que não querem, afinal, que esse produto seja banalizado por uma oferta desmedida e não criteriosa. Enfim: como em toda matéria, o Direito Concorrencial também tem as suas lacunas e os seus "porquês" – que, aliás, são muitos e variadíssimos em sua natureza.

Retomando pela última vez a minha dimensão pessoal, gostaria de refletir sobre o sucesso que, muito provavelmente, os leitores possam associar à minha vida. Costuma-se dizer que é a sorte ou o azar que fazem uma pessoa ter sucesso ou não. Fala-se muito, também, eu inclusive, no fato de "se estar no lugar certo na hora certa". Caso pensemos assim, acredito, estaríamos dizendo que foi a sorte que me conduziu ao sucesso. Mas o ponto em que eu sempre insisto é que essas ocorrências não são, necessariamente, fortuitas, decorrentes de sorte. O importante, que fique claro, é que as pessoas contribuam para que esses dois fatores estejam presentes em sua trajetória. Dizer que eu tenho uma estrela brilhante é uma coisa. Dizer que eu a tenho, pois acordo cedo todos os dias para lustrá-la, é algo bem diferente. Não devemos pensar que o trem não aparecerá novamente para que possamos pegá-lo no lugar certo, na hora certa. Devemos, isso sim, alimentar a certeza de que ele virá, sim, e a cada nova passagem, será mais fácil para nós entrarmos nele, mesmo em movimento, pois teremos tido tempo para refletir sobre como alcançá-lo sem que nos machuquemos.

Encerro essa minha história com uma espécie de lista, na qual procuro enumerar atitudes que, na minha modesta, mas experiente opinião, podem servir como valiosas balizas para nossas vidas – e, em particular, na amada profissão. É essa, chamemos assim, a minha carta ao jovem advogado (ou estudante) que me lê. Caso essas sugestões sejam capazes de induzir alguns a uma reflexão genuína, darei por cumprida a missão a que me entreguei quando decidi escrever este livro. Segue, então, o meu breve manual de princípios práticos para os advogados e/ou candidatos à advocacia. São alertas amigáveis que espero ser compreendidos e praticados.

Encarar as próprias desventuras enfrentadas como um fator impeditivo para a obtenção do sucesso, é um equívoco comum. As adversidades, quanto mais avassaladoras (e eu vivi isso com a perda de um filho), apenas servem para nos fortalecer para os embates da vida. Basta olhar para pessoas que viveram situações extremas, como o meu cliente judeu já citado, sobrevivente do Holocausto. Ele encontrou forças para alcançar o sucesso, mesmo após praticamente tudo (menos a vida) lhe ter sido tirado. Meu cliente escapou de morrer no Holocausto por um triz, sofrendo muito na mão dos nazistas, mas, anos depois, em nosso grande país, ficou rico e feliz – e ainda teve o tempo e a sorte de amar e ser amado por duas mulheres.

Outro fator decisivo, não só no Direito, mas em todas as demais profissões, sejam quais forem, é o dinheiro, cuja força move o nosso mundo, gostemos ou não desse fato. Realmente, há sempre a preocupação do sustento, que nos impulsiona a suprir as tantas necessidades do viver. Mas daí a só pensar em ganhar dinheiro, e viver obsessivamente para ganhá-lo mais e mais, há uma distância enorme. Viver com dignidade e mesmo confortavelmente é uma aspiração legítima do ser humano. Mas, como todas as demais, ela tem seus limites.

Hoje, após ter revisitado toda a minha vida, a fim de registrá-la nestas minhas memórias, posso dizer, sinceramente, que a partir de uma certa idade, quando consegui encontrar a linha de equilíbrio entre receita e despesa, deixei de pensar ou me preocupar em ganhar mais, para me dedicar apenas ao prazer de trabalhar bem para que meus clientes experimentem a satisfação de ser bem cuidados e de poder ganhar tudo o que eu puder lhes oferecer na forma de causas vitoriosas ou dando-lhes conselhos para que alcancem o maior sucesso possível. O fato de eu ter recebido um bom dinheiro ao longo de minha carreira foi, isso sim, uma deliciosa consequência, eu diria até uma feliz surpresa. A prosperidade que alcancei não me fez usar meu dinheiro como capital para aumentá-lo. Serviu-me apenas para gastá-lo em coisas que me trouxeram mais conhecimento e muitas satisfações. Rico, para mim, não é quem ganha exponencialmente, aplicando o próprio capital, mas sim aquele que usa esse mesmo capital buscando ser mais feliz e obtendo, além de conhecimento, as coisas de que realmente mais gosta e que genuinamente o realizam; além, é claro, de poder ajudar aqueles que não têm ou tiveram a mesma fortuna.

Na verdade, estendendo um pouco mais essa reflexão sobre o uso dos ganhos para me realizar, gostaria também de deixar claro que de nada adianta realizar-se apenas através do trabalho; pois sempre, mesmo com intensa dedicação ao meu ofício, nunca me senti impedido de gozar a vida em sua plenitude, trazendo a alegria e a felicidade nesses muitos anos que já vivi. Aliás, mesmo trabalhando bastante, nunca deixei de me divertir. Por boa parte de minha vida adulta, por exemplo, frequentei os desfiles das escolas de samba cariocas no "camarote número 1" da Brahma, sempre muito bem-acompanhado, na entrada ou na saída. A diversão também é uma benção.

Por vezes tenho falado da necessidade de os bons profissionais de Direito terem hobbies e falo muito sobre os meus – mar, barcos, pescarias e especialmente trabalhos de marcenaria nos quais sou capaz de ficar mais de cinco horas ininterruptas a trabalhar com peças que quero criar ou aperfeiçoar outras já existentes. Para não dizer que estou inventando mostro aqui minha oficina e alguns móveis e artefatos que já criei, como o banco em "U" em torno de lareiras, que já produzi mais de cinco, um banco-escada, inúmeras prateleiras de minhas bibliotecas, um "pega-coisas", que é de grande utilidade para pessoas idosas que querem pegar algo no chão e têm dificuldade para se abaixar, gabinetes de banheiro completos, etc., conforme fotos anexas. Lembro-me da primeira casa que comprei, recém-formado, um sobrado geminado financiado pelo BNH em que, numa pequena oficina em um canto de garagem, fiz os gabinetes do banheiro, prateleiras da cozinha, etc. sofrendo, por parte de meus amigos e colegas ricos e grã-finos, gozações como o apelido de "Chico Marceneiro". Devo dizer a propósito que o tempo e os anos que se passaram mostraram que não deixei de ter sucesso na minha bela profissão, enquanto os gozadores só foram para trás.

Quanto aos esportes náuticos, já naquele tempo carregava para as cidades marítimas em cima do meu carrinho um caiaque e alguns anos depois, em um consórcio fui sorteado para receber uma pequena lancha Carbrasmar de 16 pés com um motor Volvo de 90HP – um sucesso – que puxava no meu Dodge por todas as praias de Guarujá, Ubatuba e Angra dos Reis.

Minha primeira morada de Angra dos Reis era um apertado apartamento de dois dormitórios em um loteamento relativamente modesto.

Enfim, tudo é prazeroso, não importando o tamanho e o requinte que seja possibilitado adquirir.

Espero que possa viver alguns anos mais, sem jamais me limitar a aguardar o fim dessa vida – algo que, infelizmente, muitas pessoas (talvez até a maioria) fazem, entregando-se a uma espera angustiante que lhes rouba, sem que percebam, a alegria de viver e a insubstituível riqueza de cada momento.

Nesse sentido, contribuo no capítulo seguinte (e final) deste livro – em caráter meramente exemplificativo – com os dez mandamentos que agora tento transformar em palavras, a partir de minha vivência de quase 60 anos nesse adorável mistério que é a advocacia. Creio que esses breves e até um tanto despretensiosos conselhos refletem muito do que aprendi observando como os casos são ganhos e como os negócios, inclusive o meu próprio escritório, devem ser tocados.

Capítulo 40

60 anos de advocacia em 10 conselhos

A advocacia existe para resolver as dificuldades dos clientes. Somos solução, não problema. Profundidade é muito importante, mas não há espaço para diletantismos e firulas acadêmicas.

Na advocacia, os argumentos e interesses precisam ser expostos de maneira clara, objetiva e simples. Não se trata de transformar coisas complexas em simplórias, mas sim de fazer um enorme esforço para que tudo seja bem compreendido.

Vaidade não combina com advocacia. Quem ganha é o cliente e quem tem razão é o julgador (quando nos dá ganho de causa). Advogado não aparece mais do que a causa nem sabe mais do que o juiz. Insistir numa postura que vá contra essa é o retrato do fim.

Advocacia é uma profissão *full time*. Não existe meio advogado, advogado *part time* ou advogado por algumas horas ou dias. Somos advogados 24 horas por dia e 7 dias por semana na defesa do cliente e temos muita satisfação em atendê-lo fora das horas do expediente.[23]

---

[23] Nunca em minha vida me incomodei por trabalhar nos fins de semana ou em feriados; pelo contrário, até gostava muito de atuar nesses dias. Primeiro, porque faria um serviço muito melhor sem os telefonemas e interrupções diversas que ocorriam durante o meu expediente rotineiro. Em segundo, porque me sentia orgulhoso por ser tão requisitado a ponto de ter de trabalhar quando quase todos repousavam. Eu me sentia otimamente, mesmo desprezando o descanso ou lazer. O trabalho me alcançou o tempo inteiro, tendo sido sempre bem-vindo, mesmo enquanto eu desfrutava minhas férias no Velho Mundo. Lembro-me muito bem de telefonemas pela madrugada, em que me solicitavam as orientações mais diversas. Um deles, enquanto eu curtia uma temporada na França, foi para redigir um texto de *recall* urgente, motivado por problemas nos freios de automóveis recém-acabados que poderiam causar danos fatais aos consumidores. Ou as chamadas de mais

Uma causa só se ganha com o cliente. Os romanos já diziam *dahi mi factum e dabu tibi ius* (Dê-me os fatos e eu lhe darei justiça). Quem conhece os fatos é o cliente. Ele é essencial na jornada de construção de uma causa. Sem ele, perdemos.

Tudo tem limite. Temos de levar o cliente ao acerto, não ao erro. Esgarçamos as normas ao máximo, mas o bom advogado também diz não ao cliente. Não é concordando ou aceitando qualquer barbaridade imaginada ou desejada por ele que se constrói uma advocacia exitosa.

Especializar-se é importante; mas saber o básico, ainda mais. Especialistas geralmente só olham para o próprio umbigo. É preciso ter uma visão holística dos problemas e da vida para se tornar um bom advogado.

É preciso ter paciência e perseverança. Ganhar, demanda engenho, muito suor e, acima de tudo, persistência.

Meritocracia sempre! A construção de um escritório e a sua atuação devem ter como norte a meritocracia. Idade e experiência são fatores importantes, mas advogar exige muito trabalho. Sem isso, a advocacia morre. Estimule e dê espaço aos jovens.

---

de duas horas quando eu me encontrava em Londres, para discutir a estratégia a ser adotada em uma assembleia extraordinária de uma empresa fabricante de celulose e papel. Recordo-me ainda de outra chamada, enquanto percorria uma estrada litorânea no golfo de Saint Tropez, para resolver o que minha cliente, fabricante de bebidas, deveria responder a um ofício enviado pelo CADE. Ou, por fim, do dia em que estava mergulhando para caçar peixes próximo à ilha Anchieta, no litoral paulista, quando recebi uma ligação e tive de deixar meus peixes em paz e voltar imediatamente para São Paulo a fim de ajudar a redigir, em plena madrugada, um contrato para a construção de um grande shopping center. Ainda hoje consigo ouvir trechos dessas conversas, que, quando me tiravam da zona de conforto, eram atendidas com todo o profissionalismo e cordialidade. Se querem mesmo saber, eu as adorava, pois cada uma delas me trazia de volta o Direito, minha eterna paixão. Digo mais! Todas essas vezes em que trabalhei pelas madrugadas ou em férias interrompidas, sempre deixei claro para os meus clientes que não estava nem um pouco mal humorado. Fazia questão de lhes transmitir essa minha satisfação interior. Essa minha permanente disponibilidade agradou muito meus clientes – ouso dizer que em sua esmagadora maioria me consideravam um profissional *full time*, um advogado com o qual eles poderiam contar e também de quem poderiam dispor a qualquer momento.

O dinheiro é consequência. Não trabalhamos para ganhar dinheiro. Ele é fundamental, mas deve ser encarado como uma consequência das vitórias alcançadas. Um cliente feliz paga feliz. Um cliente infeliz não volta mais.

Para encerrar esses conselhos, permito-me dizer que o fundamental é manter sempre aceso o pensamento de que, num universo de proporções infinitas, com mundos, planetas e estrelas desmedidamente maiores que o nosso, somos apenas uma espécie de micróbio errante, uma coisa tão minúscula que não podemos nos julgar importantes diante da vastidão misteriosa que nos circunda. Tampouco devemos cultivar qualquer obsessão com a mais temida das adversidades humanas, personificada pela própria morte. Devemos, isso sim, aceitá-la com a devida resignação, sem comprar brigas com o destino e, principalmente, com a natureza do mundo e da vida, pois sabemos que, nestas duas esferas, tudo é efêmero e passageiro. Incontáveis seres humanos partem desta vida todos os dias, enquanto outros nascem, criaturas igualmente humanas que vêm substituir esses que se vão. Viver é aceitar naturalmente a nossa impermanência neste mundo.

*** **F I M** ***